信息化时代高校英语教学研究

李 然　王伊君◎著

中国出版集团　现代出版社

图书在版编目（CIP）数据

信息化时代高校英语教学研究 / 李然，王伊君著.
-- 北京 ：现代出版社，2022.11
ISBN 978-7-5231-0017-2

Ⅰ．①信… Ⅱ．①李… ②王… Ⅲ．①英语－教学研
究－高等学校 Ⅳ．①H319.3

中国版本图书馆CIP数据核字(2022)第222491号

信息化时代高校英语教学研究

作　　者	李　然　王伊君
责任编辑	裴　郁
出版发行	现代出版社
地　　址	北京市朝阳区安外安华里504号
邮　　编	100011
电　　话	010-64267325　64245264(传真)
网　　址	www.1980xd.com
电子邮箱	xiandai@vip.sina.com
印　　刷	北京四海锦诚印刷技术有限公司
版　　次	2023年5月第1版 2023年5月第1次印刷
开　　本	185 mm×260 mm　1/16
印　　张	11.5
字　　数	272 千字
书　　号	ISBN 978-7-5231-0017-2
定　　价	58.00 元

前　言

信息化时代背景下，信息技术和互联网的高效利用，促进了教学媒介的更新，丰富了教学资源，促进了高校英语教学的创新性发展，逐步改变了传统英语教学模式和学生的学习方式，使传统的教师传授型模式向教师引导、学生自主学习的教学模式发生转变。同时，构建了英语教育转型的机制和体制，从而优化了高校英语教学的改革路径，以期取得更好的教学效果及全新的发展。

鉴于此，笔者撰写了《信息化时代高校英语教学研究》一书，在内容编排上共设置六章：第一章作为本书论述的基础和前提，主要阐释信息化技术及其本质特征、高校英语教学理论及其改革、信息化时代及其对高校英语教学的影响；第二章分析高校英语课程设置与教学要求、高校英语课程设计的价值取向、信息化时代高校英语课程教学改革与发展；第三章解析信息化时代高校英语的听力、口语、阅读和写作教学；第四章论述高校英语教学模式及其改革、高校英语教学生态模式的构建、高校英语任务型教学模式的构建、信息化时代下的高校英语教学模式；第五章基于信息化时代背景，阐释高校英语课堂教学、教师能力、学习方式和教学评价的创新；第六章重点围绕信息化时代教学的资源建设、线上线下混合式教学、翻转课堂的实践进行研究。

全书结构科学、论点鲜明，在理论联系实践的基础上，分析信息化时代高校英语课程的改革与发展，直面机遇与挑战，促进高校英语教学的创新，以达到提高能力、提升素质的目的。

笔者在撰写本书的过程中，得到了许多专家学者的帮助和指导，在此表示诚挚的谢意。由于笔者水平有限，加之时间仓促，书中所涉及的内容难免有疏漏之处，希望各位读者多提宝贵意见，以便笔者进一步修改，使之更加完善。

目　录

第一章　绪　论 …………………………………………………… 1

　　第一节　信息化技术及其本质特征 ……………………………… 1

　　第二节　高校英语教学理论及其改革 …………………………… 7

　　第三节　信息化时代及其对高校英语教学的影响 …………… 15

第二章　信息化时代高校英语课程与教学发展 ……………… 20

　　第一节　高校英语课程设置与教学要求 ……………………… 20

　　第二节　高校英语课程设计的价值取向 ……………………… 23

　　第三节　信息化时代高校英语课程教学改革与发展 ………… 31

第三章　信息化时代高校英语教学内容解析 ………………… 34

　　第一节　信息化时代高校英语听力教学 ……………………… 34

　　第二节　信息化时代高校英语口语教学 ……………………… 42

　　第三节　信息化时代高校英语阅读教学 ……………………… 56

　　第四节　信息化时代高校英语写作教学 ……………………… 68

第四章　信息化时代高校英语教学模式构建 ………………… 79

　　第一节　高校英语教学模式及其改革 ………………………… 79

　　第二节　高校英语教学生态模式的构建 ……………………… 89

　　第三节　高校英语任务型教学模式的构建 …………………… 92

　　第四节　信息化时代下的高校英语教学模式 ………………… 99

第五章　信息化时代高校英语教学创新 ················· 102

第一节　信息化时代高校英语课堂教学创新 ················· 102

第二节　信息化时代高校英语教师能力创新 ················· 105

第三节　信息化时代高校英语学习方式创新 ················· 127

第四节　信息化时代高校英语教学评价创新 ················· 144

第六章　信息化时代高校英语教学的实践研究 ················· 150

第一节　信息化时代高校英语教学的资源建设 ················· 150

第二节　信息化时代线上线下混合式高校英语教学实践 ················· 166

第三节　信息化时代高校英语教学中翻转课堂的实践研究 ················· 170

参考文献 ················· 174

第一章 绪 论

第一节 信息化技术及其本质特征

一、信息化技术的认知

信息化技术的发展对社会的变革有决定性的作用，一般而言，可以从广义和狭义两个角度理解信息化技术的含义。广义上的"信息化技术"指的是用于管理和处理信息所采用的各种技术的总称，它包含一切感测、通信、计算机和智能以及控制技术等。从狭义的角度分析，更能体现信息化技术的功能和特点。

第一，信息化技术也可以称为"信息和通信技术"（Information and Communications Technology，ICT），它主要是应用计算机科学和通信技术来设计、开发、安装和实施信息系统及应用的软件。信息化技术主要包括传感技术、计算机技术和通信技术。

第二，信息化技术也可以称为"3C"技术，即计算机技术、通信技术与控制技术的结合。

第三，信息化技术是指利用电子计算机技术和现代通信系统获取、传递、处理、显示、分配所有形式信息的技术。

第四，信息化技术也可以指应用管理技术，并在技术的、科学的、工程的原则下实现信息的控制、处理和交流，以及人与计算机的互动。

从上述这些定义中可以看出，信息化技术的核心是电子计算机技术，并在其他通信技术、多媒体技术及工具的共同作用下，实现信息的获取、处理、传递、储存、输入、检索、再生、转换和交流等。

（一）信息化技术的发展

信息化技术的发展经历了从简单到复杂，从具体到抽象的过程，从初期较烦琐的数字运算，到 19 世纪电报的发明，再到 20 世纪第一台计算机（Electronic Numerical Integrator And Computer，ENIAC）的诞生，信息化技术不断推动着人类历史向前发展。

1. 信息化技术的初期发展

在人类发展的初期，是没有技术和科学的，为了满足交流的需要，人类开始利用感觉器官传递信息，如眼神、手势、声音、动作等，再经过大脑的加工和记忆，实现信息的存储，在这一阶段，人类是在自然状态下完成信息的交流的。随后人们渐渐发现，与利用声音传递信息相比，利用光进行信息传递的方式更加有效和快捷。

信息传播史上的第一座里程碑便是文字的出现。从此，人类可以较大规模地记录信息，并长时间保存，甚至可以用书信的方式交流感情，传递信息。

印刷术的发明对推动人类文明的进步产生了重要的意义，它不仅急剧扩大了各种信息传递的范围，加快了信息传递的速度，还进一步加强了信息和存储能力，一定程度上实现了广泛的信息共享。

数字和运算的出现与使用是信息加工技术的雏形。人们开始利用抽象的数字符号对各种具体化的、形象性的、复杂的自然信息进行记录和处理。这一时期的人类已经具备了认知世界的抽象能力。信息加工和处理的技术是与物理、化学、数学等科学技术融合在一起的，共同作用于信息的加工和处理上，这也是顺应社会进步和历史发展的必然选择。

2. 信息化技术的近代发展

进入 19 世纪后，信息化技术发展的速度越来越快。工业革命时期是信息化技术飞速发展的时期。1835 年，莫尔斯（S. F. B. Morse）发明了电报。电报的发明改变了传统的信息传播方式，人们开始利用电来传递信息，这极大地加快了信息的传递速度。同时，也实现了科技发展的重大突破。1837 年，莫尔斯电码的出现使得莫尔斯电磁式有线电报问世。

1876 年，贝尔（A. G. Bell）发明了电话机。电话的出现是信息化技术在通信领域的一大进步，人们开始用电流传载声音信息，这对于提高信息传递的便利性和交互性具有重要的意义。1878 年，人工电话交换局出现。1892 年，史瑞桥自动交换局设立。1912 年，美国 Emerson 公司制造出世界上第一台收音机。1925 年，英国人约翰·贝尔德发明了世界上第一台电视机。19 世纪末至 20 世纪初，人类已经能够通过电话、收音机、传真、电视等所收发的电磁信号进行信息的传递，声音、文字、图像等信息都可以转换成电信号，然后负载在无线电波上传送出去，这一时期，人们可以通过无线电收听广播，通过电视节目了解世界的变化。信息的及时性和更新的速度都有了较大的提高。同时，磁带、录像带等的出现也改变了传统信息的保留和存储形式。

19 世纪中期至 20 世纪中期，可以称为"近代信息化技术时期"。这一时期，电磁波取代了纸在信息传输媒介中的主体地位，人们的信息交流突破了空间和环境的限制。

3. 信息化技术的现代发展

20 世纪 40 年代，世界上第一台计算机 ENIAC 诞生，标志着人类进入了现代信息化技术时代，这一时期，信息化技术的形式和内容都得到了极大的丰富，不仅包括计算机技术、通信技术、微电子技术，还包括网络技术、集成电路技术、自动化技术、光盘技术等。信息的加工和处理方式也更加多样。

（1）计算机技术。第一代计算机使用电子管，体积较大，存储容量小，运算速度也较慢。20 世纪 50 年代以后的计算机使用晶体管，与第一代计算机相比，体积小，运算速度快。20 世纪 60 年代以后，计算机开始使用集成电路，降低了制作成本。20 世纪 70 年代以后，计算机的发展出现了两种趋势：一种是巨型机；另一种则是微机。微机小巧、便捷，功能强大，价格也更加低廉，这些特点都极大地推动了计算机的普及。20 世纪 90 年代以来，多媒体技术发展迅速，更新了信息传播的方式，拓展了信息交流的渠道。它通过丰富的音频、文字和图像等信息，使人机交互更加畅通、便捷。此外，多媒体技术还实现了计算机与多种家用电器，如电视机、录音机、录像机、电话、电唱机等之间的信息管理和调控，为智能家电的发展提供了重要的技术支持。

（2）微电子技术。集成电路技术的不断发展和完善促进了微电子技术的产生。微电子技术是建立在以集成电路为核心的各种半导体器件基础上的高新电子技术，它的特点是体积小巧、轻薄，可靠性高，工作速度快，使用这种技术的目的便是将仪器微型化。微电子技术的产生和应用对信息时代具有巨大的影响。微电子技术的发展对推动计算机技术、通信技术、网络技术的迅速发展具有重要的意义，是一个国家科技实力的体现。对微电子技术进行衡量主要有三个标准：第一，芯片中器件结构的尺寸是否缩小；第二，芯片中所包含的元器件的数量是否增加；第三，设计应用是否有针对性。

（3）通信技术。20 世纪的通信技术得到了飞速的发展。通信技术是利用电或电子设施，传送语言、文字、图像等信息的过程。20 世纪 80 年代后，除了电报、电话等通信设施外，还出现了移动无线通信、多媒体技术和数字电视等多种通信技术。同时，电报、电话等也向更高端、更智能的方向发展，如智能电报、自动电话、可视图文电话、IP 电话等。

如今，随着网络技术的发展，以计算机为核心的信息通信技术逐渐应用到社会生活的各个领域，这一技术的发展和成熟是信息社会发展的必然趋势，也是满足行业间融合的必要选择。现代通信技术有数字化、容量大，并与网络系统和计算机技术相结合的特点。进入 21 世纪，通信技术已向着更加智能化、宽带化、个人化、综合化的方向发展。

（二）信息化技术的内容

信息化技术是为人类服务的，是人类为了更好地认识与了解自然，赢得更多更好的生存机会和生活条件而发明创造的。从这个意义上而言，信息化技术是为了扩展或加强人类的信息器官的功能而存在的，这也是信息化技术的本质意义。

人类的信息器官通常可以分为四类：第一类，感觉器官，如听觉、视觉、触觉等，主要功能是获取信息；第二类，传导神经，主要包括导入与导出神经网，主要功能是传递信息；第三类，思维器官，主要指的是具有推理、联想、记忆、分析等功能的器官，主要功能是加工和再生信息；第四类，效应器官，如用于讲话的口、可以行走的脚或用于操作的手等，主要功能是施用信息。此外，与人类的信息器官相对应，信息化技术也应包含获取、传递、加工、再生和施用等功能。由此可见，信息化技术主要有以下四项基本内容。

（1）感测技术。感测技术延长了人类的感觉器官功能。它主要包括传感技术、遥测技术、测量技术、遥感技术等。

（2）通信技术。通信技术延长了人类的传导神经网络功能。这种技术能够突破空间上的限制，帮助人们更有效地传递、交换和分配信息。

（3）计算机和智能技术。计算机和智能技术使人类的思维器官功能得以延长。这是以硬件技术、软件技术为主的计算机技术和人工智能技术的结合，对帮助人们更好地加工和再生信息有重要的意义。

（4）控制技术。控制技术是人类效应器官功能的延长。它可以通过输入指令，即输入决策信息，实现对外部事物运动状态的干预，也就是具有信息实效功能。

信息化技术四项基本内容之间既相互独立，又有机结合，以整体的形式共同拓展人类的认知空间。具体而言，信息化技术的核心是通信技术和计算机与智能技术，二者是信息化技术存在的基本；感测技术和控制技术则是联系信息化技术与外部世界的纽带，感测技术是信息的来源，控制技术是信息的归宿。

在当今社会中，信息化技术已成为发展最迅速、应用最广泛、影响最深远的领域之一，它在改变人们生活方式、教育方式和学习方式的同时，对整个社会的经济与生活结构也产生了巨大的影响。

二、信息化技术的本质特征

（一） 短周期

信息化技术的发展水平越高，信息产品更新换代的周期就越短。在开发信息产品的初期阶段，科技人员通过现代网络以及通信技术获取自己所需要的信息，在融入自身创造力的同时加快了产品开发的进度，提高了产品的质量。在信息产品的批量生产阶段，信息化技术同样为人们提供了现代化的生产手段，使得产品形成的时间缩短，如管理信息系统（MIS）、计算机技术等的结合有效减少了产品生产的时间。

另外，信息化技术背景下产品更新换代的周期变化是很明显的，现代市场所具有的竞争力导致产品的短周期更具有竞争上的优势。就增长速度而言，信息产品开发周期越短，增长速度越快。

（二） 高智商

信息化技术依托大量的知识背景，通过高技术前沿的研究，将知识与智力通过密集型状态呈现出来。信息化技术的物化体现就是信息产品。大批科技尖端人才和高素质人才群体展开对信息产品的研究与开发，他们在这一过程中形成了竞争与合作的关系。通过这些人的努力，信息化技术得以不断进步与更新，新的信息产品不断出现，并且出现的周期越来越短。

在当前时代背景下，科技领域的各个层面都与信息化技术的发展与应用密切相关，如生命科学、新能源、航天航空、自动化等。其他科学研究往往通过信息化技术获取现代化的研究手段，促进自身的快速发展。随着网络、通信技术的发展与普及，信息化技术在整个社会的覆盖范围超过了其他科技成果。

由此可见，信息化技术已然成为当前科技发展的核心，其水平突出反映了人们认识与改造世界的能力，不仅代表着先进生产力，而且在一定程度上决定着劳动生产率的水平。除了高素质人才群体专注于信息化技术的开发与研究，其他领域中的研究也在不断为信息化技术的发展提出新的途径。在信息化技术发展领域中，高智商人才的大量聚集，必然促进信息化技术的飞速发展，从而将人类带入新的社会历史阶段。

（三） 高投入

在信息化技术发展过程中，电子计算机、远程通信技术的结合带来了一场革命。信息化技术的主要内容包括信息的采集、处理、传递、存储、复制、维护等，集计算机技术、通信技术、微电子技术于一体。对于这一技术的研制与开发，每一个环节都需要投入巨资，从而支持整个项目的研制。信息化技术的高投入通常涉及三方面的费用：①配置精密仪器；②消耗尖端材料；③复杂的开发活动。

（四）高风险

信息化技术研发过程中所具有的高投入特征导致其具有高风险，主要体现在如下三个方面。

第一，信息化技术研究具有不确定性。例如，企业为了建立公司的管理信息系统需要投入上百万元甚至几千万元的资金，同时还需要考虑每个部门的岗位情况，把握信息流动的内在逻辑，进而设计和制做出适合本公司的信息管理软件系统。然而，企业自身具有典型的动态性特点，这往往带来信息数据的多变与不稳定，定型决策很难形成，这些不利因素可能会导致管理信息系统不同程度地受损或崩溃。

第二，信息化技术从设计、开发到研制成功的概率比较低。综合而言，信息化技术领域中新产品研发成功的概率较小。换言之，信息产品开发不成功就意味着所投入的资金完全浪费了。

第三，信息产品受市场变化的影响，回报波动比较大。大规模甚至是超大规模集成电路制造企业的出现，一方面促进了巨额成本的生产；另一方面也导致很多旧产品制造企业被淘汰。从企业角度而言，信息化技术企业的生存率远低于其他类型的企业。另外，信息化技术所具有的高风险性带来了一种新的经营形式，即风险投资。

（五）高竞争

在当前社会，信息化技术是社会生产力水平的重要反映，不仅可以体现某一个企业的经营水平，而且还可以反映一个国家的综合国力，是相关企业关注的焦点之一。与传统竞争相比较而言，信息化技术的竞争突出表现在掌握与利用信息化技术上。

在信息化技术的支持下，世界上的信息流量激增，这些给计算机和网络在加工、处理、存储、传递信息时带来了较大压力。在国际领域内，很多国家都将信息化技术作为竞争的关键手段，各个国家在技术、人才、贸易、投资、货币等方面的竞争，从本质上而言，其实是信息化技术的竞争。

第二节 高校英语教学理论及其改革

一、高校英语教学理论分析

随着社会的发展、科技的进步，人们对英语的学习越来越热衷。英语是世界通用的重要语种，在国与国的交往中发挥着重要作用。高校英语教学是高等教育的重要组成部分，目的是提升学生的英语综合能力，用于日后的跨文化交际。

（一）高校英语教学的意义

第一，高校英语教学是经济发展的需要。现代社会是经济全球化的社会，而这一背景对人才提出了更高层次的要求。我国要融入国际化社会，提高国家的国际地位和国际竞争力，必然需要培养国际化复合型人才。英语是通用型语言，因此加快培养国际化复合型人才的关键就是提升人才的英语能力，为促进我国对外经济合作与交流提供助力。所以，开展高校英语教学是经济发展的需要。

第二，高校英语教学是科技发展的需要。在信息化时代背景下，一个国家的经济发展必然与科技相关，如果科技水平较低，那么经济发展也会受到影响。

第三，高校英语教学是文化交流与发展的需要。随着科技、经济的发展，国与国的交往日益频繁，其中就包含文化的交流。而英语在国际文化交流中有着十分重要的作用。另外，通过开展高校英语教学，有助于实现国与国、人与人的文化交流，不仅促进我国文化的发展，还能将我国优秀的文化输出到他国。

（二）高校英语教学的原则

教学原则是教师根据一定的教学目标，并遵循一定的教学规律来指导教学的一项基本要求和行为准则。高校英语教学的原则不仅应该反映英语这门学科的特点，也应该反映学生学习英语的心理特点，还应该反映中国人教授英语与学习英语的特点。在具体的教学实践中，指导当前高校英语教学的原则主要有以下方面。

1. 以学生为中心的原则

学生是教学活动的主体与内在因素，"各育人主体只有始终坚持从学生发展的角度出发，而不是以教师或管理者的角度来思考，才能真正形成育人合力，保障人才培养工作的核心地位"。[①] 因而在英语教学中应坚持以学生为中心的原则，充分发挥学生的主观能动性，从而使教学质量得以提高，教学任务顺利完成。以学生为中心的原则指的是在教学中根据学生的实际情况出发进行教学活动的设计与开展。具体而言，学生的实际情况包括五个要素：①真实的学习目标；②真实的学习兴趣；③真实的学习动机；④真实的学习机制；⑤真实的学习困难。

在具体的教学实践过程中，教师应该在考虑上述因素的基础上，鼓励学生积极参与教学活动，在获得知识体验的同时，培养学生的语言能力、交际能力以及应用能力。在以学生为中心的教学原则下培养出的学生能够感受到自身在英语教学与学习中的地位，从而以主人翁的态度进行英语学习，在学习上也会更加主动、积极。思辨能力的培养也应该以学生为中心展开，重视学生在教学和能力培养中的中心地位。

2. 以重视兴趣性为原则

兴趣是进行英语学习的重要推动力，在强烈的英语学习兴趣下，学习者的语言学习效果会逐渐提升。学生能够用积极的态度探索不同的学习领域，在探索过程中又会增强英语学习的兴趣。

高校英语教学也应该重视兴趣性原则的影响范围，充分调动学生的情感因素，激发学生对英语学习的兴趣，从而营造一种积极向上的英语学习氛围。具体而言，兴趣性指导下的英语教学活动可以从以下几方面着手。

（1）充分了解学生的特点。由于年龄、性格、学习阶段的不同，学生所表现出的特点也不尽相同。教师应该充分了解学生具体的特点，从而在尊重学生的基础上，提高学生对英语学习的兴趣。在高校英语教学实施中，教师需要从学生的生理、心理特点出发，制订不同的英语教学计划，灵活选取多样的教学手段，让学生切实体验英语学习的乐趣。

（2）改变传统的英语教学方式和评价方式。在传统的高校英语教学中，主要是通过死记硬背的方式进行教学，这种传统教学在英语学习的初级阶段有所成效，但是在高校英语教学中却收效甚微。因此，教师应该创设符合高校学生真实水平的教学内容、教学策略和实践，也需要开发学生的英语思维，帮助其对语言知识的内化与吸收，从而为日后的语言交际奠定基础。

（3）对教材进行深度挖掘。教材是教学的指导性文件，在教学中起着重要的作用。高

---

① 郑秀英，崔艳娇，孙亮，等. "以学生为中心"的高校教学督导工作探索 [J]. 教学研究，2019，42 (5)：44.

校英语教师在教学前，应该认真、透彻地研究教材，挖掘教材中学生的兴趣点，避免教材枯燥对学生的影响，从而调动学生学习的积极性。

3. 以注重发展性为原则

所谓发展性原则，就是要保证所有学生的智力和非智力因素都得到发展。发展所有学生的智力因素与非智力因素既是教学工作的起点，也是教学工作的终点，还是衡量教学效果的重要标准。

高校英语教学过程既是学生认知、技能与情感交互发展的过程，又是生命整体的活动过程。因此，学生的发展可以看成一个生命整体的成长，并且这个发展过程既有内在的和谐性，又有外在能力的多样性以及身心发展的统一性。高校要实现英语教学的发展性，需要做到以下方面。

（1）教师要关注每个学生的成长，以保证所有学生都得到发展。

（2）充分挖掘课堂存在的智力和非智力资源，并合理、有机地实施教学，使之成为促进学生发展的有利资源。

（3）为学生设计一些对智慧和意志有挑战性的教学情境，激发他们的探索和实践精神，使教学充满激情和生命气息。

思辨能力属于学生人文素养提升的重要组成部分，对于学生的整体素质发展有着重要的影响作用。在教学过程中，教师需要遵循发展性原则的要求，使学生的能力与素养得到切实提高。

4. 以提升综合性为原则

高校英语教学还应该以提升综合性为原则，对语音、词汇、语法等知识进行交互教学，从而提高教学的实用性。具体而言，综合性原则指导下的高校英语教学应该重视以下方面的内容。

（1）整句教学与单项训练相结合。由于英语教学是为了提高学生的语言应用能力，因此在教学中教师最好可以采用整句教学的方式。学生在学习到语言表达之后就能直接运用，有利于学生语感能力的提高。具体而言，整句教学的顺序是先教授简单句子，然后再教授较为复杂和长的句子，将整句教学和单项训练相结合。

（2）进行综合训练。语言学习是一个完整的整体，需要在教学中进行综合训练，也就是结合听、说、读、写四个部分。在高校英语教学中，听、说、读、写的培养是教学的主要途径，教师可以训练学生的多种感觉器官，保证四项技能训练的数量、比例、难易程度，从而使学生完成不同的学习任务。

（3）进行对比教学。由于英汉语言的差异性，在高校英语教学中还需要进行对比教学，引导学生在语言使用中学习单词、语法、语音。这种对比教学的方式能够保证整体教学效果的提高。

5. 以根据渐进性为原则

高校英语教学中的渐进性原则指的是具体的教学活动要根据学生特点、年级特点进行，要符合人类认知的规律以及心理特征，做到从浅入深，由易到难。

循序渐进有利于将学生的已有知识、生活经验及好奇心联系起来，有助于我们认清事物发生及发展的过程，明晰所学内容的条理，逐步掌握解决问题的方法，形成解决问题的能力。渐进性原则需要做到以下三点。

（1）精心设计每个教学环节，明确各个教学环节的目标，选择最佳的方法及手段，使知识呈现生活化和生动化，使形象与抽象逐步过渡，操作技能与逻辑思维的发展有机结合。

（2）保证每个教学环节过渡得自然，做到承上启下。

（3）有序拓展知识网络，懂得每一次的学习都是知识的又一次积累和补充，以便形成较为完整的知识体系。

6. 以可持续发展为原则

在完成基础英语教学阶段的学习之后，学生还要向更高级别的英语教学阶段发展，继续进行英语学习，因此在高校英语教学中，教师就要坚持可持续发展原则，在实践中自觉地为学生打好向高级阶段学习的基础。具体可从下面两个方面着手。

（1）做好知识的前后正迁移。遗忘是学习任何知识都不可避免的问题，因此我们必须通过巩固来习得语言知识。但是，在教学中培养学生的英语实践能力，也就是在发展中达到巩固，以巩固求发展。而巩固性和发展性需要在概念同化、知识和技能的迁移中体现出来。因此，教学中应尽可能地通过各种方法来增大正迁移量，以便学生更好地掌握知识和提高实践能力。

（2）培养学生学习英语的正确态度。培养学生学习英语的正确态度也能提升学生英语学习的持续性。具体而言，教师应该重点培养学生积极的、勇敢的学习态度，要让学生感受到英语学习的乐趣，同时要锻炼学生敢于使用英语进行交际的能力，要使学生将英语学习作为自身成长的一部分。

可持续发展原则有助于学生语言能力的不断发展，需要教师和学生的不断努力。从教师的角度来说，教师应该做好知识的迁移，让学生提高对知识的应用能力。从学生的角度来说，学生应该培养学习英语的正确态度，在思辨性思维的作用下提升英语自主学习能力和应用能力，提高自身的文化素养和语言能力，最终能够达到使用英语进行交际的能力。

7. 以网络化手段为原则

在高校英语教学中，还要以网络化手段为原则，具体分析如下。

（1）多媒体呈现原则。众所周知，声音加图像的形式要明显比单独表述方式有更大的优势。因此，学习者需要同时接收言语信息与形象信息，这比单纯接收单一的信息更有意义。例如，在英美文学的学习中，学习者一边听解说，一边通过幻灯片、录像、动画等看到与材料相关的视频信息，其学习效果会比单独听录音、单独看文字材料更有效果。

（2）时空同步原则。相关的言语信息与视觉信息往往出现在同一时空，而不是分散的或分别的，因此会更有利于学习者接受和理解教学内容。

（3）个体差异原则。与基础好的学习者相比，这三条原则对于基础差的学习者更有效；与形象思维差的学习者相比，这三条原则对形象思维好的学习者更有效。因此，这些效应的产生都与学习者的个体差异有密切关系。以网络为手段的高校英语教学中，应该坚持个体差异原则，注意区分学习者的原有基础知识能力及形象思维能力，使不同差异的学习者都能够实现最好的言语与图像的结合，从而获取所需的英语知识。

（4）注意分配原则。在网络环境下，言语的呈现需要通过听觉信道，而不是视觉信道。例如，学习者通过听解说、看动画来了解材料内容。当解说词与动画都以视觉形式呈现时，学习者不仅要对动画信息加以注意，还需要对文字信息进行关注，因此会导致视觉负担加重，造成部分信息的丢失。但是，当文本信息和图像信息分别以听觉、视觉呈现时，学习者可以在听觉工作记忆区加工言语表征，而在视觉工作记忆区加工图像表征，这就减轻了学习者的视觉负担，从而均衡分配，利于学习者对信息的理解和接受。因此，网络多媒体英语教学还需要坚持注意分配原则。

（5）紧凑型原则。以网络为手段的高校英语教学需要坚持紧凑型原则，这样有助于言语信息与图像信息的应用。在网络环境下，学习者接收短小精悍的言语信息和图像信息，其学习效果更好。

二、高校英语教学的改革

（一）高校英语教学改革的重要性

高校英语教学改革十分必要，这不仅是时代发展的要求，同时也是提高英语教学质量、进行人才培养的要求。

1. 英语教学内容改革的重要性

受传统英语教学的影响，我国对英语人才的培养过分注重语言表达形式的教学而忽视语言表达功能的教学。换言之，英语教学只注重语音、单词、语法的学习，教师大多是逐词逐句讲解词语句子的含义，着重讲解词法、句法、语法，而学生在课堂上的主要任务就是听教师讲课、记笔记，在这个过程中，教师和学生都忽略了语言的实践活动。因此，在这种教学方法的影响下，学生通过英语学习提高的只是"语法能力"，而不是"应用能力"，这在很大程度上限制了学生语言能力的发展。

众所周知，英语教学的目的是进行语言的应用，而不仅仅是阅读，更不仅仅是掌握单词的意义、明白语法规则。如果不能用英语进行交流，学习英语就失去了意义。要培养学生的英语综合应用能力，就需要在教学内容上进行改革，增加课堂上的语言实践活动，让学生有开口说英语的实践机会，也只有在实践中不断锻炼，学生才能真正提高英语的应用能力，才能够学以致用，达到英语教学的目的。因此，改革英语教学的内容十分必要。

2. 英语教学方法改革的重要性

教学方法一直是教学研究的重点，也是我国英语教学改革的关键环节，常见的英语教学方法包括语法翻译法、听说法、直接法、认知法、交际法、情景法等，这些教学方法都曾经对英语教学理论和实践的发展做出巨大贡献。但是，这些教学方法往往是在一定历史条件下为达到当时的教学目的而产生的，它们一方面从各个侧面充实和丰富了外语教学法体系；另一方面又过分强调了某个侧面，所以有各自的不完善之处。随着社会的不断进步与发展，社会对人才的需求也在不断变化，因此在不同时期，教学理论也会有所不同，教学方法也应有所变化。

传统的语法翻译法由于过于重视书面语的掌握，忽视口语表达能力的培养，并把口语和书面语分离，使学生即使具备了较强的阅读和翻译能力，也可能不具备基本的听、说能力，给教学过程带来较大的影响。因此，虽然语法翻译法在历史上曾促进了外语教学的发展，但是随着时代的发展它已经无法满足社会的需求，必然会被其他的教学方法所取代。

随着新的教学方法引入，我国英语教师的视野得到了拓宽，广大英语教师也积极投身到英语教学理论特别是教学方法的研究、改革和实践之中，使英语教学方法得到不断的完善。但是，随着教育事业的发展，不少英语教师认识到从外国引进的教学方法并不完全适合我国的英语教学实际需要，英语教学法的研究和实践在某种程度上陷入了一些误区。因此，英语教师应该根据具体的教学情况，运用各种教学法中最有效、最适用的部分，根据具体的英语教学需要，研究出适合本校、本班学生的教学方法。我国英语教学的改革强调以学生为本，突出学生的主体地位，这就需要教师在教学中重视学生的个性，在采用教学方法时重视对学生兴趣的挖掘。因此，在教学改革中我们需要认真地研究有利于激发学生学习兴趣的教法。

3. 英语教学测试改革的重要性

测试是英语教学中的重要环节，是检验学生学习效果和教师教学效果的必要手段，英语作为一门语言课，应通过听、说、读、写、译五个环节来学习，才能够达到预期效果。因此，在对英语教学质量及学生学习效果进行考核时，也应综合测试学生听、说、读、写、译五个方面知识和能力的掌握情况。

但是，目前我国的英语考试仍以笔试为主，通常用一张试卷就考查了学生对英语知识的掌握情况，很少甚至没有其他形式的语言测试方式，可谓一锤定音。然而，这种仅凭一支笔、一张纸一次性判断出学生学习效果的方式很难全面地了解学生的听、说、读、写、译的能力，更难以反馈学生真实的英语交际水平及能力。可见，单纯的笔试既不能实事求是地反映学生的学习状况，也不能对教师的英语教学起到积极的指导作用，同时，这种考试在某种程度上也挫伤了学生的学习热情，使学生对英语学习失去兴趣和信心。此外，这种考试也忽视了对学生听说能力的考查，但对英语而言，听说能力才是核心技能。

长期以来，我国大学生的英语听力水平和口语水平的发展极不平衡，这主要是由于大学英语四、六级考试主要注重读、写、译能力的考核，大多数学生都是为了通过英语四、六级考试而将大多数精力放在了这三个方面的学习上。同时，教师为了保证英语四、六级考试的通过率也仅注重这三个方面知识和技巧的传授。尽管，近年来英语四、六级考试中增加了听力试题，也逐渐引入了口语考试。但是，由于我国对英语听说能力教学的长期忽视，导致师生都认为要提高英语听说能力是事倍功半，因此学生和教师仍然较为重视笔试测试。

然而，由于英语语言学习的测试应侧重学生的英语交际能力，即听、说、读、写、译的综合能力，如果仅用一次笔试来测定学生英语水平的高低，显然是有缺陷的。因此，这种考试方式对英语这个特殊学科而言有一定的局限性，应该加以改革。为更好地把握学生的英语语言领悟能力、英语语言理解程度、英语交际水平，教师应安排听力考试、英语口语和英语交流等方式来弥补笔试考试的不足。总而言之，只有科学、合理的考试形式才能完整全面地检测教师教学的科学性和学生的英语知识及交际能力。

（二）高校英语教学改革的发展趋势

高校英语教学改革的目的是为大学生的个体发展服务。目前，社会对高素质的具有创新能力的国际化人才的需求剧增，英语能力已成为学生综合能力的重要组成部分。此外，赵光慧和张杰在《大学英语教学改革：个性化、学科化、中国化》一文中从不同的角度对大学英语教学改革的目的进行了详细的分析。他们指出，当前中国高校的英语教学改革首要目的便是实现"个性化"教学，避免"趋同化"。充分发挥大学英语教学的引领作用，最终实现社会交往中的"学科化"。

高校英语教学改革的首要目的就是要提升高等教育人才的培养质量，将中国的高等教育国际化。所谓"国际化"是指课程的国际化、师资的国际化和学生的国际化。随着经济的全球化，教育的国际化步伐也在逐渐加快，我国正致力于建设人力资源强国，在如此关键的转型时期，更需要教育提供强有力的推动力。

（1）个性化。通过高校英语教学改革实现"个性化"教学，应克服的最大障碍便是"趋同化"。"趋同化"大致表现在以下几个方面：首先，教育行政部门是统一的"社会行动主体"。在当今的高校英语教学中，无论是教学方案的制订、教学管理或评价制度的构建，还是教师队伍的培养，教学材料的编写或教学手段的开发等，都是在教育行政部门的统一指挥和监控下进行的，这便是"趋同化"的表现之一。其次，统一化的教学管理。几乎所有的普通高校都是在教育部制订的统一的培养方案、管理制度和评价体系下进行英语教学，所使用的大学英语教材也不外乎上海外语教育出版社、外语教学与研究出版社、高等教育出版社以及其他几所出版社出版的教材，并没有因为学校的差别和学生层次的不同而选用"个性化"教材。"趋同化"教学体制的出现与国家的计划教育体制有着某种程度上的联系，其主要的教学核心是"教"而不是"学"。虽然，近些年来"以生为本"的呼声愈来愈大，但是在实际开展教学活动时是有一定难度的。

"个性化"教学要求有灵活变化的"动态"培养方案，即教学方案可以根据不同的学生、学生的不同表现随时进行调整，使方案适应学生，而不仅仅是让学生适应方案。教育行政部门在制订了统一的培养方案以后，只是具有宏观指导的功能，各个学校根据自身的实际情况和学生的层次水平可以调整方案和学制，学生也可以对培养方案提出合理性的建议，实现"教"与"学"之间的"相互理解"。此外，还可以尝试推广分层次高校英语教学。

（2）学科化。我国当前的高校英语教学主要是围绕"学习语言知识，掌握语言技能"

展开的，并且受社会发展的影响，高校英语教学的中心应该转向以实用为目的的教学，即由"学"转向"用"，在"用"中"学"，通过一系列的语言实践，提升语言能力。

就"社会行动"而言，进行"学科化"的高校英语教学是十分有必要的。所谓的高校英语教学的"学科化"，并不是"英语"与"专业知识"或"专业英语"简单相加，而是两者之间的相互融合，是集"实际运用""英语表达""学科趣味"，甚至是"学术思维"于一体。高校英语教学"学科化"的有效途径之一就是在普通高校中开设以学科为中心的大学英语博雅课程，学生不仅可以了解到与英语学科相关的知识和发展状况的表述，还可以接触到相关的学术刊物、栏目等，同时还能为学生提供出国求学的帮助。

高校英语教学改革的最终目的是要改变其从属地位的现状，发挥高校英语教学的引领作用。各高校要在满足学生个性发展要求的基础上，开发多层次、立体式的高校英语教学模式，充分提高学生的英语应用能力和学科研究能力，在逐步提高学生的基本英语技能的同时，逐渐深化其专业英语知识和技能，使其在多个领域都能发挥专业英语水平的优势，力求做到英语"学科化"教学。

（3）中国化。语言具有深层次的思维功能。在当今的高校英语教学中，人们关注得更多的是学习英语的思维方式，克服汉语思维方式的影响，因此高校英语教学中更加注重以"西化"为特征的教学思维模式，即引进外籍教师，营造学习英语的环境等，或对英语教师进行出国培训，到国外大学进行实地考察等，这种教学思维模式是单向的，而高校英语教学改革的目的就是将单向变为双向互动的过程，即"中国化"。在引进西方思维模式的同时，还要使学生在中西文明的相互碰撞中，了解中华文化的传统，推动中华文明走向世界。

第三节 信息化时代及其对高校英语教学的影响

一、信息化时代的背景

随着信息化时代的到来，信息技术与高校英语教学的整合可以打破空间与时间的限制，具有开放、灵活的鲜明特征，任何人都可以在任何地点、任何时间利用网络来学习。

"大学英语课程的教学面临很大压力，因此，教学改革及教学模式的创新就显得格外重要"[①]，信息化时代背景为高校英语教学改革提供了诸多便利。

（一）良好的语言教学环境

良好的语言教学环境对于英语教学质量的提高具有重要的意义。具体而言，标准的语音、语调输入，开放、丰富的语言知识，必要的对话与练习机会以及教师的帮助与指导等都属于语言环境的范畴。将信息技术与英语教学有机结合在一起有利于营造良好的教学环境，主要表现在以下方面。

第一，信息技术与英语教学的结合有利于调动学生的听觉、视觉等多种感官，从而使他们更加投入地参与到英语学习中来，并逐渐培养英语思维模式，摆脱先将英语翻译成汉语再进行理解的不良习惯。

第二，信息技术与英语教学的结合可使学生接触到大量真实的有声资料，有利于帮助学生增加语言积累、了解文化背景、熟悉交际技巧、提升听说能力，进而提高对语言进行综合运用的能力。

第三，信息技术与英语教学的结合丰富了教学手段，使英语教学从过去单一、传统的模式中摆脱出来，变得更加活泼、生动、形象，从而更好地调动学生的注意力、积极性与自信心，有利于培养学生的想象力与观察力。

第四，根据情境教学法的理念，语言学习如果能在与现实情境相类似的环境中进行，则更容易达到令人满意的效果。信息技术与英语教学的结合可以创设与真实场景十分接近的语言情境，为学生进行知识同化创造了条件。

（二）构建创新型师生关系

在不同的教学模式下，师生之间的关系也不尽相同。在过去的很长一段时间里，我国的英语教学沿袭了传统模式，教师是英语教学的主导者，学生是被动的接受者，而课本只是师生之间的媒介。教师通过对课本进行分析与讲解，将知识传授给学生。科技的发展使计算机逐渐参与到英语教学中，并成为英语教学的有益补充。在计算机辅助教学模式下，计算机的辅助并未对师生关系带来实质上的改变，计算机的应用只是为教师提供了一种新型的讲解或演示手段，使教学效果得到一定程度的增强。但是，信息技术与英语教学的结

[①] 史斐越. 信息化时代大学英语课程教学改革与发展研究［J］. 长江丛刊，2020（17）：66.

合，即计算机与教学内容的结合使师生关系发生了根本性的变化。

在信息技术的英语教学模式下，教师、学生、计算机与教学内容是四项基本要素，它们之间存在着相互依存、相互作用、相互关联的内在联系，因而并不是单向的。教师不再是课堂的主宰者，学生则由被动的接受者成为知识的积极构建者，一种合理、和谐的全新的师生关系产生了。

（三）提高自主学习的能力

在传统的课堂英语教学中，处于被动地位的学生很少有积极参与的机会。课堂上的大部分时间主要用来灌输语言知识，这就很难将学生的积极性调动起来，语言能力的发展也会遇到很多困难。因此，学生要具有独立思考能力，做知识意义的积极建构者。以信息技术教学为媒介，学生不仅可以摆脱时空的客观限制，根据自己的安排来选择合适的时间、地点进行学习，还可以凭借网络来组织、参与相关的学习活动，从而在教师指导与自我规划的基础上展开自主学习。这样，教师不再是唯一的知识传授者与信息来源提供者，学生在教师指导下进行的自主学习也不会偏离正确的方向。

（四）提供海量的学习资源

在我国英语教学实践中，语法翻译法曾长期占据主导地位。受其影响，文学著作成为主要的学习资源，学生虽然学到了规范的语言知识，但日常交际能力却没有得到显著提高。通过信息技术不仅可以得到大量文学语言资料，还能接触到很多日常生活用语，其数量之大、语言之生动都远远超过了传统的英语教科书。

值得注意的是，网络信息资源的更新速度很快，有利于及时了解一些新出现的词汇与表达方式，从而提高语言的实用性。此外，网络能够帮助学生掌握语言技能，补充文化背景知识，深化对语言内涵的理解，提高文化素养。

总而言之，信息技术可以提供海量学习资源，极大地满足学生的求知欲。可见，信息技术为英语教学提供了远远超出教材范围的大量资源，学生可由此进行主动的、有意义的知识构建。

（五）搭建丰富的交流平台

信息技术为英语教学搭建了丰富的交流平台，使师生之间的交流效率与质量都有了非常明显的提升，具体表现在两个方面：第一，电子邮件、QQ、微信等成为师生之间沟通、讨论的主要方式，这样的方式避免了面对面交流带给学生的紧张感，从而增进了教师与学生之间的情感交流。此外，由于这些交流方式操作简便，也在无形之中增加了师生的交流频率。第二，教师为学生安排任务、布置作业、设置目标时，可采取通知板的形式。学生向教师提问、上传作业以及与同学沟通任务完成情况时，都可以通过论坛来完成。

二、信息时代对高校英语教学的重要影响

英语是当今世界应用最广泛的语言，因此不论是在政治还是文化上都受到重视，尤其是我国改革开放 40 多年以来，与外国的经济文化交互日渐增多，对于英语人才的需求也在日益增大，这就要求高校的教育工作者加强英语教学工作，尤其是英语教学的深度和广度。然而，目前在高校英语教学阶段还存在很多局限，因此必须结合信息时代的现况进行进一步优化，提升高校英语教学质量。

信息化时代是互联网飞速发展的时代，其最主要的特征就是传媒信息的发展和虚拟交流平台的创建，现今的交流方式已经不再局限于电话短信的交流，而是达到了文字、语音、图片和视频的全面交流模式，信息化承载了海量的知识，能够不断更新教育者的教学理念，改变传统的教学模式，构建真实与虚拟交汇的英语学习环境，提升高校英语教学的效率。

第一，信息化技术对于高校英语教育技术的影响。随着信息化技术的飞速发展，社会发生了天翻地覆的变化，这种变化也影响了人们的工作模式和生活方式，现代人可以随时随地进行双向交流，共享同一平台上的海量信息。而当信息技术进入大学校园之后，首先，教师在粉笔和黑板教学的基础上，以幻灯片（PPT）展示和多媒体教学为依托，将图像、音频、视频融入教学中去，极大地丰富了高校英语教学的内容，也使得课堂气氛更加活跃。其次，随着网络化的发展，课堂教学也可以直接形成网络课程，学生不用再受限于时间和地点，而是随时随地都可以进行课程学习，随时可以安排学习实践，做到劳逸结合，并且在学习中能够较快地发现自己的不足之处进行合理的查漏补缺。

第二，信息化技术对于高校英语教育模式的影响。在我国传统的教学模式中，教师是课堂的主体，学生都是被动受到灌输，信息永远处于单向流动状态，因此无法有效激发学生们的学习积极性，教师在课堂教育中处于绝对的控制性地位，高校学生对于课堂的参与度不高，往往是教师提出具体的要求之后才会依照章程试试，对知识的应用和接受都是不利的。加上课堂时间有限，教学内容不够丰富，高校英语教师的教学模式难以满足学生们的学习需求。但是在信息化技术的支持下，教师与学生之间的互动交流不再仅限于教室这

个环境中，即便有学时的限制，学生也可以通过即时聊天软件与教师或者同学联系。通过课外 App 布置相关的练习作业，随时跟进检查学生的学习状况，也可以针对不同程度的学生进行不同的课后练习安排，既能节省教师的时间，又能让学生获得相应的知识，不再受课本和课堂的桎梏。

第二章　信息化时代高校英语课程与教学发展

第一节　高校英语课程设置与教学要求

一、高校英语课程设置

高校应根据实际情况，按照《大学英语课程教学要求》（以下简称《课程要求》）和大学英语教学目标设计出相应的大学英语课程体系，将综合英语类、语言技能类、语言应用类、语言文化类和专业英语类等必修课程和选修课程有机结合，确保不同层次的学生在英语应用能力方面得到充分的训练和提高。为了适应社会对英语人才的需求，高校英语专业的教育要遵循《大学英语教学大纲》（以下简称《教学大纲》）的要求，但也要从自身情况考虑，"循序渐进达到培养应用型英语人才的需求切不可冒进，盲目增设太多力不能及的课程，这样不仅达不到预期的效果，反而会带来许多问题与坏影响"①。高校英语课程的设计应充分考虑听说能力培养的要求，并给予足够的学时和学分；应大量使用先进的信息技术，开发和建设各种基于计算机和网络的课程，为学生提供良好的语言学习环境与条件。

高校英语课程不仅是一门语言基础课程，也是拓宽知识、了解世界文化的素质教育课程，兼具工具性和人文性。因此，设计高校英语课程时也应当充分考虑对学生的文化素质培养和国际文化知识的传授。

无论是主要基于计算机的课程，还是主要基于课堂教学的课程，其设置都要充分体现个性化，考虑不同起点的学生，既要照顾起点较低的学生，又要为基础较好的学生创造发

---

① 　闫俊玲，于明波. 高校英语专业课程设置改革探讨——基于应用型人才培养视角［J］. 赤峰学院学报（自然科学版），2016，32（24）：255.

展的空间；既能帮助学生奠定扎实的语言基础，又能培养较强的实际应用能力，尤其是听说能力；既要保证学生在大学期间的英语语言水平稳步提高，又要有利于学生个性化的学习，以满足他们各自不同专业的发展需要。

二、高校英语教学要求

我国幅员辽阔，各地区、各高校之间情况差异较大。大学英语教学应贯彻分类指导、因材施教的原则，以适应个性化教学的实际需要。

大学阶段的英语教学要求分为三个层次，即一般要求、较高要求和更高要求，这是我国高校非英语专业本科生经过大学阶段的英语学习与实践应当选择达到的标准。一般要求是高校非英语专业本科毕业生应达到的基本要求；较高要求或更高要求是为有条件的学校根据自己的办学定位、类型和人才培养目标所选择的标准而推荐的；各高等学校应根据各自的实际情况确定教学目标，并创造条件使那些英语起点水平较高、学有余力的学生能够达到较高要求或更高要求。

（一）高校英语课程教学的一般要求

第一，听力理解能力。听懂英语授课，听懂日常英语谈话和一般性题材的讲座，听懂语速较慢（每分钟 130~150 个单词）的英语广播和电视节目，并掌握其主旨大意，抓住要点；能运用基本的听力技巧。

第二，口语表达能力。在学习过程中用英语交流，并就某一主题进行讨论，就日常话题用英语进行交谈，经准备后就所熟悉的话题进行简短发言，表达比较清楚，语音、语调基本正确；在交谈中使用基本的会话策略。

第三，阅读理解能力。基本读懂一般性题材的英文文章，阅读速度达到每分钟 70 词；在快速阅读篇幅较长、难度略低的材料时，阅读速度达到每分钟 100 个单词；就阅读材料进行略读和寻读；借助词典阅读本专业的英语教材和题材熟悉的英文报刊文章，掌握中心大意，理解主要事实和有关细节；读懂工作、生活中常见的应用文体的材料；在阅读中使用有效的阅读方法。

第四，书面表达能力。完成一般性写作任务，描述个人经历、观感、情感和经历的事件等，写常见的应用文；在半小时内就一般性话题或提纲写出不少于 120 个单词的短文，内容基本完整，中心思想明确，用词恰当，语意连贯；掌握基本的写作技能。

第五，翻译写作能力。借助词典对题材熟悉的文章进行英汉互译，英汉译速为每小时约 300 个英语单词,汉英译速为每小时约 250 个汉字;译文基本准确,无重大的理解和语言表达错误。

第六,推荐词汇量。掌握的词汇量应达到约 4795 个单词和 700 个词组(含中学应掌握的词汇),其中约 2000 个单词为积极词汇,即要求学生能够在认知的基础上在口头表达和书面表达两个方面熟练运用的词汇。

(二)高校英语课程教学的较高要求

第一,听力理解能力。能听懂英语谈话和讲座,能基本听懂题材熟悉、篇幅较长的英语广播和电视节目,语速为每分钟 150~180 个单词,能掌握其中心大意,抓住要点和相关细节;能基本听懂用英语讲授的专业课程。

第二,口语表达能力。能用英语就一般性话题进行比较流利的会话,能基本表达个人意见、情感、观点等,能基本陈述事实、理由和描述事件,表达清楚,语音、语调基本正确。

第三,阅读理解能力。能基本读懂英语国家大众性报刊上一般性题材的文章,阅读速度为每分钟 70~90 个单词;在快速阅读篇幅较长、难度适中的材料时,阅读速度达到每分钟 120 个单词;能阅读所学专业的综述性文献,并能正确理解中心大意,抓住主要事实和有关细节。

第四,书面表达能力。能基本上就一般性的主题表达个人观点,能写所学专业论文的英文摘要,能写所学专业的英语小论文,能描述各种图表,能在半小时内写出不少于 160 个单词的短文,内容完整,观点明确,条理清楚,语句通顺。

第五,翻译能力。能摘译所学专业的英语文献资料,能借助词典翻译英语国家大众性报刊上题材熟悉的文章,英汉译速为每小时约 350 个英语单词,汉英译速为每小时约 300 个汉字;译文通顺达意,理解和语言表达错误较少;能使用适当的翻译技巧。

第六,推荐词汇量。掌握的词汇量应达到约 6395 个单词和 1200 个词组(包括中学和一般要求应该掌握的词汇),其中约 2200 个单词(包括一般要求应该掌握的积极词汇)为积极词汇。

(三)高校英语课程教学的更高要求

第一,听力理解能力。能基本听懂英语国家的广播电视节目,掌握其中心大意,抓住要点;能听懂英语国家人士正常语速的谈话;能听懂用英语讲授的专业课程和英语讲座。

第二，口语表达能力。能较为流利、准确地就一般性或专业性话题进行对话或讨论，能用简练的语言概括篇幅较长、有一定语言难度的文本或讲话，能在国际会议和专业交流中宣读论文并参加讨论。

第三，阅读理解能力。能读懂有一定难度的文章，理解其主旨大意及细节，能阅读国外英语报刊上的文章，能比较顺利地阅读所学专业的英语文献和资料。

第四，书面表达能力。能用英语撰写所学专业的简短的报告和论文，能以书面形式比较自如地表达个人的观点，能在半小时内写出不少于 200 词的说明文或议论文，思想表达清楚，内容丰富，文章结构清晰，逻辑性强。

第五，翻译能力。能借助词典翻译所学专业的文献资料和英语国家报刊上有一定难度的文章，能翻译介绍中国国情或文化的文章；英汉译速为每小时约 400 个英语单词，汉英译速为每小时约 350 个汉字；译文内容准确，基本无错译、漏译，文字通顺达意，语言表达错误较少。

第六，推荐词汇量。掌握的词汇量应达到约 7675 个单词和 1870 个词组（包括中学、一般要求和较高要求应该掌握的词汇，但不包括专业词汇），其中约 2360 个单词（包括一般要求和较高要求应该掌握的积极词汇）为积极词汇。

上述三个要求是作为各高等学校在制定该校大学英语教学计划时的参照标准。各高等学校可以根据各自学校的实际情况，对三个要求中的听力、口语、阅读、写作、翻译以及词汇量的具体要求与指标进行适当的调整，但要特别重视对听说能力的培养和训练。

第二节 高校英语课程设计的价值取向

高校英语课程设计的价值取向，是指在高校英语课程设计中，设计主体在制定课程标准、课程计划，编制英语教材的过程中所表现出来的价值倾向性。课程设计有层次之分，高校英语课程是一门全国性的课程，对其的设计可以分为宏观层面的设计和微观层面的设计。宏观层面的设计主体是课程专家、学者等，所设计的成果面向全国高校的非英语专业的大学生；而微观层面的设计主体是高校的英语教研室或教师，所设计的成果则只是面向某一高校或某些专业的非英语专业的大学生。具体而言，是研究课程设计主体在高校英语课程目标设计和课程内容编制过程中所表现出来的价值倾向性，主要是研究高校英语教学要求和教材中蕴含的课程设计主体的基本价值立场、价值态度以及所表现出来的基本价值倾向。

一、课程的价值取向

要探讨高校英语课程设计的价值取向首先必须了解价值及课程的价值。价值是作为主体的人的需要与作为需要对象的客体的属性之间的一种特定的关系。课程的价值就是课程主体的需要与作为客体的课程之间的一种关系。课程的主体包括社会和个体两大类型，因此，对课程价值的认识可从社会和个体两个方面来展开。

（一）课程的社会价值

课程对社会的价值，主要表现在课程对社会子系统的作用，包括人口、经济、文化等方面。

（1）课程的人口价值。课程具有普及知识，改善人口质量，提高人口整体素质的价值。"人口是生活在一定社会、地区的个体的总和，其状况通常包括人口的数量、质量和结构"①。课程对人口的价值，体现在课程对人口的数量、质量和结构的影响上。课程通过课程内容、课程年限设置和课程实施等来影响人口数量、质量和人口结构。

（2）课程的经济价值。课程具有促进经济发展的作用。知识和人才是现代经济的核心，课程为国家和社会培养人才，帮助学生学习各种知识，为今后从事某一职业奠定基础，或帮助学生获得从事某一职业所需要的专业知识技能，提高劳动能力，提高身体和文化素质等，为社会培养积累人力资本，从而促进社会的经济发展。课程培养人才的职能使其具有经济价值，教育的高品质内在地包含着课程的高品质。人力资本快速积累是经济迅速增长的重要推动因素，而人力资本的积累是通过课程来实现的，课程具有促进经济发展的作用。

（3）课程的文化价值。课程具有促进文化延续和发展的作用。课程对文化的价值通过课程对文化各个要素的作用来体现。文化具有三个方面的要素，即物质要素、心理要素和行为要素。文化的心理要素包括思维方式、思想观点、价值观念以及科学知识等；文化的行为要素包括行为规范、风俗习惯、生活制度等；文化的物质要素包括生产工具、生活用品和其他物质产品等。课程具有影响学生的思维方式和思想观点、价值观念的作用，同时向学生传播科学文化知识。课程使学生了解学习和生活的行为规范，熟悉风俗习惯和生活

---

① 全国十二所重点师范大学联合编写.教育学基础 [M].北京：教育科学出版社，2002：39.

制度。同时，课程通过向学生传递、讲授生产劳动的知识和技能，促进文化产品的生产。课程本身就是一种特殊的文化形态，课程来源于文化，同时也对文化进行选择、传递和保存。课程的内容取自人类所积累的文化。在学校课程活动中，教师与学生以文化为中介进行交往，这本身就是一种文化的普及和传递。在课程活动中，人类积累的文化代代相传，由一个地域传向另一个地域，文化从物质载体转移到人身上，影响到人的思想、情感和行动。在课程活动中，课程主体通过学习和交流活动，促进不同文化间的相互吸收和相互影响，通过对不同文化的学习，对文化进行选择和创造，形成新的文化。

（二）课程的个体价值

美国心理学家克雷顿·奥尔德弗（Clayton Alderfer）于 1969 年在《人类需求新理论的经验测试》一文中，将人的需求分成下列三种：第一，生存需求（Existence）；第二，关系需求（Relatedness）；第三，发展需求（Growth），简称 ERG 理论。生存需求关系到机体的存在或生存，包括衣、食、住以及工作组织为使其得到这些因素而提供的手段；关系需求是指发展人际关系的需要，这种需求通过工作中的或工作以外与其他人的接触和交往得到满足；发展需求是个人自我发展和自我完善的需求。这种需求通过发展个人的潜力和才能获得内在自尊和自我实现。课程虽然不能完全满足个体的所有需求，但是可以从一定程度上满足学生的上述需求。

（1）课程的个体生存价值。课程具有培养和提高学生的基本生存能力的价值。课程在传递知识经验的同时，也使学生获得了一些谋生的本领。无论是过去还是现在，学生之所以参与课程活动，是因为个体生存与发展的现实需要，尤其在当今社会，社会对个人的文化素质要求提高，学习已成为个体生存与发展的基本要求，成为生存与发展的基本手段和途径。通过学校课程，学生们间接或者直接地掌握谋生的本领，提高生存能力。

（2）课程的个体关系价值。课程能满足学生关系需要的价值。关系需求是指发展人际关系的需要。交际是人们发展人际关系的主要手段。交际是人与人之间沟通信息的过程，即人们运用语言或非语言信息交换意见，传达思想，表达感情和需要的交流过程。交际的目的是人作为一个群体的共同生存和发展。交际的基本要素包括交际主体、交际动机、交际环境和交际手段。课程实施过程蕴含着交际。在课程实施过程中，学生和学生、学生和教师以课程为中介进行交际。学生与人交往的需要得到满足，同时其交际能力也得到提高。

（3）课程的个体发展价值。课程具有促进个体发展的价值。人的发展具有丰富的内涵，人的发展的目的在于使人日臻完善，使人格丰富多彩，并承担各种不同的责任。课程之于人的发展的价值在于：作为教育的核心，课程能帮助人学会认知，即获取理解的手段；学会做事，以便能够对自己所处的环境产生影响；学会共同生活，以便与他人一道参加所有活动并在这些活动中进行合作。

二、高校英语课程的价值分析

（一）高校英语课程的社会价值

高校英语课程是我国各高校所有非英语专业本科生必修的基础课程，每年都有很多大学生必须学习高校英语课程。高校英语课程有着推广和普及英语语言文化知识，从而增强交际能力的作用。而且高校英语课程所选择的课程内容有着深厚的文化底蕴，因此，它在一定程度上对我国人口整体素质的提高起到了积极的作用。

高校英语课程为社会提供具有英语应用能力的人才，"以学生为中心，尊重学生的主体地位，培养学生的主动参与意识和自主学习能力"成为重点之一，这有利于培养大学生的个人与合作意识。高校英语课程的教材具有深厚的人文底蕴，对英语的学习和使用，会促使学习者主动学习文化知识，并有利于激发其民族自豪感和爱国情操。

高校英语课程可以使学生在学习语言的时候，转变传统的思维方式，接触到各种思想和价值观念、科学知识和信息、行为规范、风俗习惯和生活制度等。高校英语课程使学习者意识到本土文化的重要性，促使大学生学习和了解传统文化知识。

（二）高校英语课程的个人价值

高校英语课程能够在一定程度上满足大学生的生存、交往和发展的需要。社会对懂外语的专业人才的需求越来越大，高校英语课程培养学生的英语应用能力，使其在毕业后获得更多的就业机会。在高校英语课程内容中，包含交际知识和技能。我国现行的《大学英语课程教学要求》中就明确指出，大学英语是以英语语言知识和应用技能、学习策略和跨文化交际为主要内容。

高校英语课程为学生个体提供交际的对象、环境。在课堂中，学生和学生、学生和教师，以学习英语语言为目的进行交际。在英语课堂中建立的人际关系，还可能会延续到课堂以外。例如，学生与学生、学生与教师在大学英语课程中交流，进而成为好朋友。此外，高校英语课程的内容是英语语言文化知识，它是有别于母语的另一种交际手段。有了这种交际手段，学生的交际面也得到扩展。在语言学习的过程中，大学生的交际能力也会相应地得到提高。

高校英语课程在一定程度上能够满足大学生的发展需求，使大学生能够适应现代的社会环境，更好地发展。通过高校英语课程，学生们获得学习英语的技巧和方法，掌握一定的英语语言知识和应用能力，获得母语以外的另一种认知的手段。通过英语学习，学生们能够拓宽知识面，培养知识的好奇心，激发批判精神，提高是非辨别和独立思考能力。更好地了解周围的世界，发展自己的专业能力和交往能力。在学习语言的过程中，学生学会运用注意力和记忆力，同时思维能力也得到锻炼。高校英语课程能够培养大学生做事的能力。所传授的英语语言文化知识，使得大学生的交往能力有所增强。同时，在课程活动中，学生的协作意识得到提高，这使他们与他人共事的能力有所增强，学生的自主性、合作精神、注意力得到提高，创新能力和冒险精神等得到彰显。

高校英语课程在一定程度上能够满足大学生的做人需求。高校英语课程是人文性很强的课程，课程的内容往往具有深厚的人文底蕴。这些人文知识使大学生在正确认识自己的基础上，真正地设身处地地理解他人的反应，培养学生处理人与人之间、与群体之间不可避免的紧张关系的能力，帮助学生学会尊重多元性，学会相互了解，学会通过对话各自阐述自己的理由进行争论。在英语课堂上，学生们在开展共同的学习项目的过程中，增进对他人的了解和对相互依存问题的认识。

三、高校英语课程设计的价值取向

从《教学大纲》到《课程要求》，高校英语课程目标随着国家和社会需求的变化而变化，其价值取向也随之变化。总的来说，高校英语课程目标的价值取向的变化呈现如下特点：一是由单一的社会经济价值取向逐渐转变为社会的经济价值取向、文化价值取向和人口价值取向相结合；二是个人价值取向由弱到强，从重视高校英语课程对学生个人的英语阅读能力的提高转向英语综合应用能力的提高，从重视高校英语课程对个人的认知能力的提高变为对人的综合能力的提高，"人"字在高校英语课程目标中由"隐形体"变成了"显形体"，并且渐渐地变得越来越醒目。

（一）社会价值是课程设计的根本需求

无论我国高校英语课程的价值取向如何变迁，其根本价值取向是指向社会的。我国高校英语课程的几次大的变化的起因是，社会对高校英语课程的需求的变化，其工业的发展需要很多专业技术人才，英语能够帮助人们学习先进技术，所以课程目标很强调英语的工具性，注重与专业技术结合，就连《教学大纲》也是文理科分开制定。20世纪80年代后期到90年代，国家和社会对具有英语能力的综合性人才的需求逐步增加。《大学英语教学大纲》（修订本）（高等学校本科用，后简称《新大纲》）不分文理科，并且开始注重英语的人文性。《课程要求》强调要培养学生的听说能力，满足对国际交流人才的需要。

社会价值是当前高校英语课程目标的根本追求，这一点在《课程要求》中充分体现。《课程要求》在"教学性质和目标"中就提到："大学英语的教学目标是培养学生的英语综合应用能力……以适应我国社会发展和国际交流的需要。"高校英语教学的目的是使我国大学生掌握英语，获得以英语为工具参与交流、获取本专业所需要的各种信息的能力。

（二）社会价值取向的多元化

在《课程要求》中，社会价值的取向是多元的，包括经济价值、文化价值和人口价值等，它追求高校英语课程的社会经济价值，强调高校英语课程的工具性，《新大纲》开始重视高校英语课程的文化价值，《课程要求》则在追求其社会经济价值的同时，重视其社会文化价值，同时发掘其社会人口价值。

《课程要求》中最重视课程价值的是其经济价值。参与交流需要英语听说能力和综合文化素养，获取专业信息需要英语听说能力和阅读能力，所以在大纲中强调要培养学生的英语综合应用能力。长期以来，高校英语课程把培养人才的社会经济价值作为课程设计最主要的追求。

文化价值也在《课程要求》中得到彰显。《课程要求》在"课程设置"部分中提到，要提高综合文化素养，并且明确地指出："大学英语课程不仅是一门语言基础课程，也是拓宽知识、了解世界文化的素质教育课程，兼有工具性和人文性。因此，设计高校英语课程时也应当充分考虑对学生的文化素质的培养和国际文化知识的传授。"这充分肯定了高校英语课程的文化价值。不仅如此，《课程要求》在教学要求的几个层次中都涉及文化内容，以是否能听懂一定语速的英语广播和电视节目为标准来衡量学生的听力理解能力，以是否能看懂一定难度的英文报刊文章为标准来衡量学生的阅读理解能力等，这意味着学生要经常接触和学习这些方面的材料。广播、电视节目和报刊都是文化性极强的材料，这从另一个侧面彰显了英语课程的文化价值。文化和语言有着密切的关系，学生在学习外语的过程中，任何语言都不可能脱离其文化观念或文化背景而独立存在。由于文化背景不同和双方文化上的差异，说不同语言的人在交际时，自然而然地以母语文化的行为准则、价值观念、风俗习惯指导自己的言语交际行为，可能导致交际障碍和交际失误。对文化价值的追求，有利于语言的学习，最终有利于高校英语课程其他价值的实现。因此，高校英语课程设计对课程的文化价值非常重视。

现行的课程目标对高校英语课程的人口价值做出了肯定。《课程要求》的"教学性质和目标"中提到，要增强学生自主学习能力，提高综合文化素养，这对我国人口素质的提高起着积极作用。而在"课程设置"中提到的"大学英语课程不仅是一门语言基础课程，也是拓宽知识、了解世界文化的素质教育课程"进一步肯定了高校英语课程对人口素质的教育作用。

总而言之，高校英语课程设计的价值取向带有鲜明的社会价值取向倾向，尤其倾向于高校英语课程的社会经济价值和社会文化价值，而且也开始重视其社会人口价值。

（三）重视个人交往和发展

《课程要求》重视高校英语课程的个人交往价值。首先，在"教学性质和目标"中，课程要求明确提出，跨文化交际是高校英语课程的内容之一，并提出了"使学生在今后学习、工作和社会交往中能用英语开展有效交际"的教学目标。这肯定了高校英语课程的个人交往价值，也反映了高校英语课程目标对个人交往价值的追求。其次，在"教学要求"中对学生有较多的对交际能力的要求，如"能在学习过程中用英语交流，并能就某一主题进行讨论"等等。最后，要求学生能用英语讨论、发言，能介绍自己、回应他人的介绍、为人指路、与人交谈、表达个人感情、描述个人经历等。这些技能对学生的交往能力的培养起着重要作用。

在《课程要求》的"教学性质和目标"中，明确提出要培养学生的英语综合应用能力，特别是听说能力，这表明了高校英语课程目标对个人认知发展的价值的追求。同时要求"增强其自主学习能力，提高综合文化素质"，表明了对个人做人做事价值的追求。

在"教学要求"部分三个层次的具体要求，除了反映高校英语课程对语言认知能力的价值，还反映出其对于学生做人做事能力的影响。例如，在一般要求中，要求能听懂英语授课、日常英语谈话和一般性题材的讲座；能听懂语速较慢的英语广播和电视节目；能在学习过程中用英语交流，在交谈中使用基本的会话策略；能读懂工作、生活中常见的应用文体的材料；能完成一般写作任务；能描述个人经历、观感、情感和发生的事件等等。例如，"学生能力自评/互评表"对学生的英语听、说、读、写、译等几个方面的要求较为详细，这证明了课程设计对学生个人语言认知能力的重视，认知能力是个人发展的重要部分。

高校英语课程设计的价值取向从总体上是以社会价值为取向的，社会价值是其终极追求。高校英语课程目标具有多元的社会价值取向，主要表现为重视经济价值和文化价值，同时发掘个人价值。同时，该目标对高校英语课程的个人价值也非常重视，因为高校英语课程的社会价值是通过学生个人来实现的，同时高校英语课程对于学生个体的生存、交往和个人发展的作用方面，尤其重视其对个人发展的作用。

（四）个人价值是课程设计的直接追求

高校英语课程设计的社会价值取向，并不影响其对个人价值的追求，更注重社会价值取向和个人价值取向的结合。这是因为，高校英语课程的社会价值是通过学生个人来实现的。课程直接作用于个人，而不是社会。只有让个人掌握了英语知识和技能，成为对国家和社会有用的人才，高校英语课程的社会价值才能够得以实现。个人价值是高校英语课程设计的直接追求。为了实现高校英语课程培养适合我国社会发展和国际交流需要的人才的社会价值，课程设计从提高学生的个人能力和素质入手，培养学生的英语综合应用能力，特别是听说能力，使他们在今后学习、工作和社会交往中能用英语进行有效的交际，同时增强其自主学习能力，提高综合文化素养，所追求的是高校英语课程对个人的生存、交往和个人发展的价值。

"教学要求"是《课程要求》中非常重要的一部分，也是高校英语课程目标的重要内容。通过"教学要求"，我们了解到高校英语课程对个人价值的追求。英语的听力理解能力、口语表达能力等语言认知能力，对个人的发展起着重要作用。

在《课程要求》中，"教学要求"部分是最为核心的内容，是我国高校非英语专业本科生经大学阶段的英语学习与实践应当选择达到的标准，是各高校确定教学目标的主要依据。例如，《学生能力自评/互评表》是对"教学要求"的细化和补充说明，列举了"教学要求"中的各项语言技能。这两个文件是衡量我国高校英语课程设计与教学成果的主要标准，也是检验高校英语课程价值的实现情况的重要标准。在这两个部分中，高校英语课程目标的社会价值取向并没有凸显出来，但是其个人价值取向却分外明显，这说明了高校英语课程目标以个人价值为直接取向。

此外，在"教学模式"部分指出，高校英语课程应以学生为中心，注重培养学生语言实际应用能力和终身学习能力，在"教学评估"部分，一再强调要培养学生使用语言进行交际的能力，这些都表明了课程目标的个人价值取向。

第三节　信息化时代高校英语课程教学改革与发展

英语是一门语言类课程，英语学科属于第二语言习得的重要教学类别。为了更好地培养具有国际语言交流能力的人才，高校英语课程教学就更具有目的性。这就要求教学不仅仅教授学生学习理论知识，更要从能力素养层面出发，对教学活动实现优化。信息化时代，高校英语课程教学需要从传统的教学理念和模式中跳出来，借助互联网把握时机将英语课程教学进行改革，以期高校英语课程在新时期能够取得更好的教学效果及全新的发展。

一、信息化时代高校英语课程教学改革与发展的问题

（一）交流互通有待提高

信息化时代高校英语课程的讲授主要基于互联网，而交流互通是互联网的一个显著特点。人们在互联网上实现交流互通，不受时间、空间的限制。对于高校英语课程教学来说，提高交流互通可以直接影响教学活动，学生与学生之间、教师与学生之间以及教师与教师之间的交流互通，都可以使课堂教学更加生动，并让教师在备课及设计教学活动时更加活跃。但从目前高校英语课程教学的实际情况来看，交流互通明显不足。例如，课堂上教师对于英语单词、语法知识的讲解，仅局限于理论模式中，对学生进行简单的理论知识传递，学生在课堂上被动地接受知识。虽然教师在教学设计中有时会设计一些互动环节，但从整休上看交流互通较少，这对于作为语言类的课程来说，学习效果不显著。由此会影响教师的教学动力，甚至会在课堂上失去教学热情，这对于大学英语课程教学是极其不利的。同时，对于学生而言，缺少交流互通，会使学生的学习兴趣逐渐下滑，从而影响学生的学习积极性。

（二）教学环节的拓展不充分

无论是何种语言，其本身都是在不断变化的。英语课程作为一门语言类的课程，在教学上更应随着时代的发展进行拓展。英语课本上的知识，相对是滞后于时代发展的，一些在英语国家已经是落后的表达方式，在我们的英文课本中可能还作为一个语言知识点在

讲解。

信息化时代下的互联网是拓展英语教学的良好媒介，互联网上拥有的丰富英语资源，给高校英语创造了一个教学资源库。同时，教师可以从各大网站上选择适合自己学生的素材来辅助英语教学，提高英语教学的效果。然而，从目前的实际来看，高校英语课程的教学环节拓展明显不足，部分教师在课堂上的教学环节仍局限于教材，并未拓展相关的背景知识和课外内容，因此就很难实现英语知识的更新，并且不利于培养学生的英语综合素养。

（三）自主学习空间与时间不足

信息化时代下高等教育的改革更加关注学生的自主学习。网络信息的利用可以给学生创造出更多自主学习的空间和时间，将学生的主观能动性发挥出来，让学生可以随时随地进行自主学习。目前，高校英语课程教学的自主空间和时间都是比较缺乏的，英语课程的教学时间无法根据学生的自主学习时间来安排，不少学生甚至从未进行过自主学习，只跟随教师在课堂上安排的时间进行学习。因此，学生就无法将课外实践利用起来，无法开展自主学习势必会影响学生的预习和复习。没有好的课前预习和课后的复习巩固，教师的课堂教学活动也会因此受到影响。所以，在信息化时代，高校英语教师就需要充分认识自主学习的重要性，通过有效策略，构建自主学习的空间和时间，并依此指导学生开展有效的自主学习。

二、信息化时代高校英语课程教学改革与发展的策略

（一）增加交流互通，使大学英语课程更具活跃性

"填鸭式"和"讲解式"的教学形式存在于各高校开展的英语课程中，这种教学形式的主要特征是教师教授、学生听从，教师针对学生进行的提问活动较少，从而学生在课堂中走神的概率更高。因此这种教学模式会在很大程度上降低学生的课堂学习的活跃性，使整个教学活动无法高效率地展开。当教师在英语课程教学中增加交流互通时，便可以有效地摒弃以往的传统教学方式，学生在参与教学活动时，课堂的活跃性得以明显提升。尤其对于语言类的课程来说，增强交流互通就是增强学生对于该语言的学习和应用。同时，信息化时代，教师要多利用互联网+素材来辅助课堂教学。比如，教师在讲解英文文章时可以借助英语短视频或截取的电影片段引入文章的知识内容，让学生对看到的视频进行模仿

表演，实现交流互通，这样不但可以活跃课堂氛围，还能让学生在交流互通互动中掌握相关英语知识。

（二）拓展教学环节，延伸英语课程内容

参与高校英语课程学习的学生基本已完成了应试教育，学生的英语水平比较均衡。因此，教学环节的适当拓展，可以对陈旧的英语知识更新换代，让英语课堂教学环节更贴近现实应用，让学生了解并掌握更新的英语知识，从而提高学生们的英语综合素养。可以从不同方面实现课堂教学环节的拓展。例如，对阅读材料进行拓展，在英语课程的教学中，有许多英语材料都有固定的主题，教师在课堂教学环节就应针对该主题，拓展同类英语文章，让学生进行拓展阅读，增加知识面的广度。除此之外，可以利用网络拓展教学环节，借助网络平台引入各种能够激发学生学习热情的、适宜的素材资源，延伸英语课程的内容。

（三）增加自主学习，提升学生的英语应用能力

高校英语课程的开展最终都是为学生今后走上社会实际应用英语而服务的，其核心就在于"应用"。目前，高校的教学模式多以理论为主，不注重学生的自主学习和对英语应用能力的培养。因此，教师就应通过互联网建立网络化的自主学习环境。教师可以利用现有的或者设计英语学习 App，根据课堂教学的具体安排，定时在 App 上发布自学任务、课后练习、阶段测试等，让学生在课前或课后完成自主学习。另外，教师还可以通过直播、录播、回放的形式开展英语听力或口语课程的教学，让学生可以有自主的学习时间和空间，随时随地都可以练习英语，从而更加有效地提高学生学习英语的积极性，最终提升英语实际应用的能力。信息化时代的网络自主学习定会推动大学英语教学模式的改革和发展。

作为高校英语教师，网络对高校英语课程教学带来的问题我们应当充分地认识，我们要通过有效策略创新英语课程教学，将网络和英语课程教学相结合，构建更加高效、合理的英语课程教学模式体系。

第三章 信息化时代高校英语教学内容解析

第一节 信息化时代高校英语听力教学

一、高校英语听力教学的理论认知

（一）高校英语听力理解的性质理论

随着对语言性质的深入理解和教学理论的不断发展，高校学生对外语听力理解的性质的认识也日渐完善。

1. 结构主义语言学与行为主义心理学理论

20世纪四五十年代，听说法是英语教学领域的主要教学方法。当时，听说法盛行以结构主义语言学和行为主义心理学为理论基础，并在军队外语培训中取得了巨大成功，被看作最有效的教学方法。

从结构主义语言学的角度看，英语教学应关注的是语言的形式和结构，听力教学因而也在语言形式的语音、单词、句子和篇章四个层面上进行：在训练学生听懂一段课文时，教师先是从元音和辅音的识别出发，然后依次进入单词、句子和篇章的层面，这种"自下而上"的听力教学模式旨在让学生通过语音识别来理解单词的意思，并在此基础上理解句子的含义，然后再通过对句子含义的理解把握整个篇章的含义。

在当时的行为主义心理学的影响下，语言学习也被深深地打上了"刺激—反应"模式的烙印，语言能力的获得和发展被看作对行为的反复操练的结果。因此，听力教学的一个重要内容就是让学生反复进行语音的识别和听辨训练，而语音的意义则没有得到应有的重视。在大多数情况下，教师往往让学生将所听到的单词翻译成母语，以检查学生对听力教材的理解情况。

2. 功能主义语言学理论

20 世纪 70 年代以来，随着功能主义语言学理论的不断发展，人们开始注重对语言的社会功能的研究。功能主义语言学认为，语言是人际交往的工具，而不是一个孤立的结构系统。因此，外语教学的目的是把学习者培养成具有交际能力的语言使用者。听力教学应该培养学生准确理解说话者的意图和有效地进行语言交际的能力。随着认知心理学的不断发展和完善，许多研究者开始重视对听力理解过程的研究，并结合语篇的宏观结构、认知图式、认知推理以及语境等因素来揭示听力理解的性质。

在听力理解过程中，随着语篇的展开，听话者需要明确语篇是由一系列句子构成的，但句子的含义有时要受到语篇宏观结构的制约，对单个句子的理解并不能说明已经理解了整个语篇，听话者需要随着语篇的发展对理解不断地做出调整。认知推理是听力理解的一个重要方面，在听力理解过程中发挥着至关重要的作用。因此，如何训练学习者在听力理解过程中运用各种认知策略进行自发的、能动的认知推理是高校英语听力教学中不可忽略的一个方面。推理是语篇理解所不可缺少的一部分，但推理是在瞬间完成的。也就是说，听话者所做出的推理是一个自然的过程，它是整个理解过程的一部分。这种推理并不是凭空进行的，听话者在听到某一话语后，就会立即在大脑中激活一系列与话语相关的经验知识或背景知识，并在此基础上通过认知推理来理解话语的意义。

3. 听力理解的主要性质

听力理解是一个极其复杂的过程，它涉及语言、认知、文化、社会知识等因素。听力理解的性质主要涉及以下几方面。

（1）辩论单词并记住与该单词相联系的意义。

（2）理解每一个单词如何与语境发生相互作用，并为邻近单词的意义创造语境；理解一个句子中的哪些词语构成主语，哪些构成谓语，并理解指代成分所指称的人或物。

（3）既要理解每一个句子在局部上下文中的含义，也要理解该句子在整个语篇中的含义。

（4）对语篇的理解涉及两个方面，一是根据语篇的局部语境所提供的知识和背景知识来理解语篇内容；二是对语篇中所暗含的人际、空间、时间、因果和意图关系做出推理。

（5）对于较长的语篇而言，应至少记住其大意；对于较短的语篇而言，应在记住其大意的基础上，尽可能多的记住重要内容，特别是与说话者的当前意图相关的内容。

（二）高校英语听力理解的过程理论

高校英语听力理解的过程主要具有三个特点。

第一，听力理解是一个积极的过程。在听力理解过程中，听话者并不是消极地或被动地运用听觉来接收信息，而是通过调动大脑中的已有知识进行能动的认知推理，进一步理解说话者所传达的信息和意图。因此，听力理解是听话者积极主动地参与语言交际的过程。

第二，听力理解是一个创造性的过程。意义并不是现成地存在于语言材料之中的，不同的听者对于同一个单词或句子可能会有不同的理解。在语言交际过程中，说话者为了语言表达的经济性，不可能也没有必要把任何细节都表达出来。因此，在听力理解过程中，听者需要根据语言材料所提供的线索以及自己的社会经历和背景知识创造性地建构意义。

第三，听力理解是一个互动的过程。作为语言交际的一个重要方面，听力理解涉及说话者和听话者双方。从某种意义上讲，听力理解是交际双方在相互作用中磋商意义的过程。特别是在面对面的语言交际中，说话者可以通过听话者的面部表情和身体手势来判断听话者是否理解自己的意义，并以此来调整自己的语言。同样，听话者可以用语言的或非语言的手段来表明自己是否理解了说话者的意义或者直接与说话者进行意义的磋商。

（三）高校英语听力理解的因素理论

1. 听力理解的影响因素

影响听力理解的重要因素包括听力材料特征、说话者特征、任务特征、学习者特征和过程特征。

（1）听力材料特征。听力材料特征指语速、词汇与句法以及学习者对材料所涉及的内容的熟悉度等因素。因此，高校英语教师在选择听力材料时，应根据学习的外语水平和认知能力，选择语速和难度适中的材料，并适当增加背景知识的介绍，以便使学生更容易地理解材料的内容。

（2）说话者特征。说话者特征指性别因素对听力理解的影响，如中等和优等的学生回忆非专家男性说话者的发言要比非专家女性说话者的发言更容易理解等。

（3）任务特征。任务特征指听力理解的目的和听力学习所涉及的问题类型，如让学习者回答多项选择题、进行概括推理或寻找某一特定信息等。

（4）学习者特征。学习者特征指学习者的语言水平、记忆力、情感因素和背景知识等。由于人是认知的主体，听力理解与学习者各方面的相关知识水平和主观因素息息相关。

（5）过程特征。过程特征指听力理解的心理过程，如学习者采用的是"自下而上"模式还是"自上而下"模式，或是互动模式。

2. 对高校英语听力教学的启示

厘清影响听力理解的因素对提高高校英语听力教学质量具有非常重大的意义。

（1）就听力材料的选择而言，教师和教材编写者应注意材料的难度，并且要着重根据语言习得的规律，选择略高于学生水平的可理解性输入。必要时，教师可以适当介绍一些与听力材料相关的背景知识。

（2）就说话者特征而言，教师在选择听力材料时应该具有广泛性，说话者既有女性也有男性，既有高级学者也有普通大众，说话者的职业既有代表性也有普遍性。

（3）就任务特征而言，教师应根据学生的需要设计丰富多彩的听力活动，提高学生的学习兴趣，调动学生学习的积极性，避免听力活动的单一。

（4）就学习者特征而言，教师在教学过程中除了要提高学生的兴趣和积极性，还要从各个方面挖掘学生的知识潜力并培养学生的思考能力和推理能力。在课堂上，教师要创造活跃的学习氛围，减少学生的心理压力和紧张情绪。

（5）就过程特征而言，学生可以在教师的指导下，采用适合自己的听力策略。至于"自下而上"模式、"自上而下"模式和互动模式的选择问题，需要根据学习者所处的学习阶段及其认知能力和知识水平等因素来确定。

二、高校英语听力教学的目标与特点

（一）高校英语听力教学的目标

高校英语听力教学目标分为三个等级，即基础目标、提高目标和发展目标。

1. 基础目标

基础目标是针对大多数高校非英语专业学生的英语学习的基本需求确定的。具体包括：能听懂就日常话题展开的简单英语交谈；能基本听懂语速较慢的音、视频材料和题材熟悉的讲座，掌握中心大意，抓住要点；能听懂用英语讲授的相应级别的英语课程；能听懂与工作岗位相关的常用指令、操作说明等；能运用基本的听力技巧。

2. 提高目标

提高目标是针对入学时英语基础较好、英语需求较高的学生确定的。具体包括：能听懂一般日常英语谈话和公告；能基本听懂题材熟悉、篇幅较长、语速中等的英语广播、电视节目和其他音、视频材料，掌握中心大意，抓住要点和相关细节；能基本听懂用英语讲授的专业课程或与未来工作岗位、工作任务、产品等相关的口头介绍；能较好地运用听力技巧。

3. 发展目标

发展目标是根据学校人才培养计划的特殊需要以及部分学有余力学生的多元需求确定的。具体包括：能听懂英语广播、电视节目和主题广泛、题材较为熟悉、语速正常的谈话，掌握中心大意，抓住要点和主要信息；能基本听懂用英语讲授的专业课程、英语讲座和与工作相关的演讲、会谈等；能恰当地运用听力技巧。

（二）高校英语听力教学的特点

1. 听力教学对象的特点

通常一个班级的学生来自全国各个地方，学生的听力水平参差不齐。有些学生听力基础差，没有掌握正确的学习方法；有些学生的语音语调存在很大问题，因而很难听懂正常语速的听力材料甚至已经学过的常用词，当然也有一些学生英语水平很高，比较容易听懂听力材料。在学生听力水平不同的情况下，使用相同的教材和教学方法，使得听力水平低的学生不想学，教师难授课，也就达不到提高高校英语听力水平的教学目的。目前，一些学校尝试打破传统的以院系为单位的班级，将学生听力水平分成提高、普通和预备三个层次，有针对性地选择授课内容和授课方法，以便更好地贯彻因材施教的原则。

2. 听力教学内容的特点

高校英语听力教学内容较为广泛，不仅包括语言知识、文化知识，还包括培养学生对听力策略的掌握和运用。

目前，学生主要的听力问题可以概括为三种：第一种是"听不清"，即对单词的发音、英语的语调特征、说话速度不熟悉，造成不能有效地获取信息；第二种是"听得清却听不懂"，这是由于对英语的句法结构、文体特征、篇章逻辑不了解和缺乏听力技巧而造成的障碍；第三种是"听懂了却无法理解"，这是由于学生个人的知识结构、文化背景与所听材料的差距过大造成的。因此，词汇障碍、语音障碍、语义障碍、听力障碍、心理障碍以及文化障碍等成为高校英语听力教学的主要问题。

三、信息化时代高校英语听力教学策略

（一）高校英语听力教学的一般策略

1. 听力材料的多样性选择

在选择听力材料时，教师既要结合教学实际的需要，又要结合学生现有的能力和兴趣，还可以让学生在课堂上以英语游戏的形式参与活动，循序渐进地进行练习，让学生既在乐中学，也在玩中学，最大限度地挖掘他们的潜在能力，发挥他们的主观能动性。

丰富的课堂内容，比单一的听力训练更能激发学生的学习兴趣。兴趣是最好的老师，有了兴趣，英语学习就是一种享受，自然会事倍功半。传统听力教学长期采用单一的教学模式：放音、练习、对答案，过于依赖教材，听力内容单调乏味，无法激发学生的学习兴趣和热情，因此在课堂材料的选择上，应充分考虑学生的兴趣、心理状态、当下热门话题等。

在多媒体教学环境下的今天，教师可以播放英文电影、教学情景对话和新闻练习听力，通过增强听力内容的趣味性、时效性，适当引入一些流行元素，提高学生的英文水平。英文电影作为一种直观、形象、生动的方式，越来越受到学生的青睐。英文电影有吸引人的剧情，让学生身临其境，有些情节非常具有趣味性，影片中的英语不再是死气沉沉的、让人望而生畏的语言，而变成妙趣横生、充满生机和活力的实践。

每周增加一点这些内容，并在人机对话中让学生学唱英文歌曲，进行英文电影配音，从而提高学生的英语学习热情和积极性，从而使其在轻松愉悦的氛围中提高英语听力水平，并且对提高学生的口语表达能力也非常有帮助。

2. 增强文化背景知识分析

随着英语听力教学的不断深入和发展，文化背景知识的导入越来越受到重视。每个民族都有自己独特的文化背景和风俗习惯，如果不熟悉西方英语国家的文化背景知识，不懂得用西方思维方式来理解英语语言，就会给英语学习造成很大的障碍，学生就会很难理解某些听力材料或是产生误解，有时学生可能已经听清楚每个词了，却不能完全理解整个句子或是整篇文章所要表达的意思。在高校英语听力训练中，介绍文化背景知识是十分重要的，以下从文化背景知识对听力的影响进行探讨。

（1）民俗习惯。随着国际交往的进一步发展，越来越多的中国人知道了一些西方节

日，但是因为不了解西方文化，往往不知道这些节日的起源和发展。例如有一篇关于 Boxing Day 的听力材料。Boxing Day 译为节礼日，是每年的圣诞节次日或是圣诞节后的第一个星期日。关于节礼日的起源有以下不同观点：第一，被广泛认可的说法是雇员在圣诞节后的第一个工作日会收到雇主的圣诞礼物，这些礼物通常被称为"圣诞节盒子"（Christmas Boxes）；第二，牧师将在这天打开功德箱，将里面的捐款分发给穷人。节礼日现在普遍被认为是购物日，因为在圣诞节过后的第一天，一般商家都会推出减价活动。如果学生并不了解有关节礼日的文化背景，就不能较好地理解西方文化。

（2）思维方式。不同的民族有着不同的思维方式，对待同一事物的看法也会有所不同。比如，在时间观念上中西方就存在差异。在赴约时，中国人会提前到达以示礼貌，而美国人则更注重要准时到达。如果迟到让人等候，显然不礼貌；如果提前到达，主人还没有准备好，就会造成很多不便。所以在一些非常正式的场合，守时就显得更为重要。

（3）生活习惯。在不同的文化背景下，各个民族的生活方式及礼仪习俗必然有所不同。了解了这种生活习惯上的差异有助于更好地理解听力材料的内容。

3. 播放听力材料前的重要提示

在给学生上听力课时，教师不能只是给他们放录音带，也不能只给他们解释一点词汇或者短语，而是应当用已有的与材料相关的知识来引导学生。比如，老师可以用简短的讨论进入主题，让学生根据听力题目或者预先给的一些暗示来猜猜听力的内容，从而帮助学生理解所要听的材料。通过这些方式，可以让学生对将要听到的内容有所期待，也从心理上进入一个准备阶段。

更为重要的是，要给学生一个可选择的任务与目的。没有一定的目的，学生将处在一片黑暗之中，当他们努力地想记起一切的时候，事实证明到最后他们什么也想不起来。所以，应当尝试在播放听力材料之前给学生一些问题，或者要求他们挑出两个到三个要点，或者给出听力过程中的主要步骤。设计一些有特点的与主题相关的任务，摒弃无关的信息。有时候材料过长的话，可将材料分割成几个部分，根据不同部分的内容提一些相关的问题。如果材料有一定的难度，可先用简单的语言来表述，但是切记不能说太多或者自己将材料重复地跟学生叙述。否则，学生将可能因此而对材料失去兴趣。同时，也可以培养学生在听听力材料的同时做笔记的能力，在听听力材料之前给学生一些相关的问题，这样一来学生就更有目的性，效率也会提高。用这种方法，学生就不会遗漏材料中的一些要点和细节，同时，这种方法也有助于学生理解较长的听力材料。

4. 学生抓住材料重点内容

通常而言，学生们喜欢把材料里的每个单词都理解清楚。事实上，不同的听力材料在不同的语速下，对于听力能力较弱的学生而言较难听清。因此，只要学生能把听力材料的重点，即能帮助理解材料的内容听懂并理解就可以了。一般而言，一篇材料里的诸多新单词并不会影响学生理解全篇大意。所以教师应当经常提醒学生要听重点，根据问题留意某些细节就可以了，教会学生如何抓住听力材料的重点。

5. 精听与泛听相结合的策略

精听是指"精确听力练习"，要求学习者在听力练习中捕捉每一个词、每一个短语，不能有任何疏漏和不理解之处；而泛听则要求学习者在听力练习中以掌握文章的整体意思为目的，只要不影响对整体文章的理解，一个词、一个短语甚至一个句子听不懂也没关系。精听的练习方法如下。

第一遍精听，这时要做到全神贯注、专心致志，以篇章为单位，听完一遍之后，要注意检查是否能听到发音类型，听到的生词数量，语速是否过快或者过慢，是否能理解文章或对话中句子之间的逻辑关系。在精听第一遍时要达到的效果是回忆文章大意。

第二遍精听，在第一遍的基础上再听一遍，并以篇章为单位，重复地听。听完一遍，暂停，然后复述刚刚听到的内容。然后用自己的话概括文章的大意，不用精确到具体的时间、地点、数字（这些是下一阶段的任务）。

第三遍精听，与前两次不同，这次听的时候，要适当地用笔记录下来一些细节，比如时间、地点、人物，以及文章中具体描述的细节。此外，如果有列举的成分在，一定要努力列清楚所有的条目。听完一遍后，根据笔记尝试把文章复述出来，不仅仅讲大意，还要讲细节，这个过程就叫作"笔记辅助复述"，尽可能详细地复述出原文。

精听和泛听可以结合练习，如某一篇文章中有几段可以用精听的方法练习，在练习的过程中准确无误地听到某些细节性的信息，有几段可以用泛听的方法了解文章的梗概。

（二）信息化高校英语听力教学的创新策略

1. 优化教学设备，提高学生学习兴趣

现代多媒体设备在英语听力教学中的一个最重要的特点就是优化了教学设备，使教师的教学手段变得更加丰富。高校英语听力教学不仅仅是要提高学生们的听力成绩，更多的是要通过听力教学来培养学生们的英语语感，从而提高他们在口语表达、文章理解、表达技巧等方面的综合能力，在进行英语听力教学前，教师要找出听力原文中的一些重难点词

汇，然后通过多媒体设备将这些词汇的用法、意义形象化地表现出来，让学生能通过这样生动的教学方式来深刻理解这些词汇的含义，从而为提高英语听力教学质量打下基础。

2. 通过课堂活动来营造教学氛围

教师在高校英语听力教学中要改变以往传统的教学方式，课堂不能只有教师在课堂上授课，而学生在下面昏昏欲睡，教师要利用多媒体设备来活跃课堂气氛，给学生营造一个轻松、愉快的学习氛围，这是保证课堂质量的关键。比如，教师可以在进行听力教学时，在学生都掌握听力原文所表达的意思以后，让学生进行听力内容的对话，通过模拟听力中的实际场景来让学生更深刻地体会教学内容，这样学生在接下来的教学内容学习中会感到更加轻松。这样做不仅能提高他们对听力内容的理解，还能提高他们的口语表达能力和团结合作意识，更能在轻松、愉快的学习氛围中提高英语学习的积极主动性。

3. 丰富教学资源

多媒体设备在教学课堂中的应用还可以通过丰富课堂教学资料来实现对教学质量的提高，多媒体技术可以将图像、文字、声音等内容有机地结合在一起，将教学内容以一种生动、形象、具体的形式表现出来，所以教师可以借助多媒体设备来丰富课堂内容。例如，教师在讲到 *How do you make a banana milk shake*（《如何制作香蕉奶昔》）时，可以通过多媒体来向学生具体地展示香蕉奶昔的制作过程，这样，学生在实际的制作场景中可以更轻松地理解和掌握教学内容，然后对学生再进行听力内容的训练时，学生结合自己脑海中的制作场景可以直观地理解听力内容，学生通过视觉和听觉的完美结合，教学效果自然比以前更高。

第二节　信息化时代高校英语口语教学

一、高校英语口语教学的理论认知

（一）高校英语口语教学的行知理论

1. 建构主义理论

高校英语口语教学需要有话题支撑，教学的过程需要老师和学生的交流和协作才能进行，学生的主体地位十分突出。建构主义教学理论在高校英语口语教学中具有很强的适用性。

建构主义是认知结构学习理论在当代的发展，它强调学生具有无限的潜能，认为教学要把学生现有的知识经验作为新知识的生长点，引导他们从原有的知识经验中发现新的知识经验。建构主义认为，学习是在社会文化背景下，通过人际的协作活动而实现的意义建构的过程。

（1）知识观。建构主义者一般强调，知识并不是对现实的准确表征，它只是一种解释、一种假设，并不是问题的最终答案。而且，知识不可能以实体的形式存在于具体个体之外，尽管通过语言符号赋予了知识一定的外在形式，甚至这些命题还得到了较普遍的认可，但这并不意味着学习者会对这些命题有同样的理解，因为这些理解只能由个体基于自己的经验背景而建构起来，它取决于特定情境下的学习历程。学生对知识的接受只能靠自己的建构来完成，以经验、信念为背景来分析知识的合理性。学生的学习不仅是对新知识的理解，而且也是对新知识的分析、检验和批判。

（2）课程观。建构主义者强调，用情节真实、复杂的故事呈现问题、营造解决问题的环境，以帮助学生在解决问题的过程中活化知识，变事实性知识为解决问题的工具；主张用产生于真实背景中的问题启发学生思维，并以此支撑和鼓励学生解决问题的学习、基于案例和项目的学习，进而以此方式参与课程的设计与编制；主张课程既要基于学科，又要超越学科，面向真实世界，从而使教学始于课堂，走出课堂，融于社会。

（3）教学观。建构主义者强调，教学通过设计重大的任务或问题以引导学习和支持学习的积极性，帮助学习者成为学习主体。建构主义学习环境由情境、协作、会话和意义建构四个要素构成。其中，情境是意义建构的基本条件，教师与学生之间、学生与学生之间的协作，以及会话是意义建构的过程，而意义建构则是建构主义学习的目的。

（4）学习观。建构主义者认为，知识不是通过教师的传授获得的，而是学习者在一定的社会文化背景下，借助其他人（包括教师和学习伙伴）的帮助，利用必要的学习资料，通过意义建构的方式获得的。学习是个体建构自己知识的过程，这意味着学习是主动的，学生不是被动的刺激接受者，要主动对外部信息做主动的选择和加工，因而不是行为主义所描述的刺激—反应过程。而且，知识或意义也不是简单地由外部信息决定的，外部信息本身没有意义，意义是学习者通过新旧知识经验间反复的、双向的相互作用过程建构而成的。其中，每个学习者都在以自己原有的经验系统为基础对新的信息进行编码，建构自己的理解，同时原有知识又因为新经验的进入而发生调整和改变，所以学习并不简单是信息的积累，它也包含由于新旧经验的冲突而引发的观念转变和结构重组。学习过程并不简单是信息的输入、存储和提取，而是新旧经验之间的双向的相互作用过程。

（5）学生观。建构主义者强调，学生并不是空着脑袋走进教室的。在日常生活中，在以往的学习中，他们已经形成了丰富的经验，往往会依靠他们的认知能力，形成对问题的某种解释。而且，这种解释并不都是胡乱猜测，而是从经验背景出发推出的合乎逻辑的假设。所以，教学要把学生现有的知识经验作为新知识的生长点，引导学生从原有的知识经验中发现新的知识经验。

（6）教学模式。基于建构主义教学观的理论，产生了一系列不同于以往的教学模式，以下分析较为典型的模式。

第一，情境性教学。情境性教学强调教师在课堂教学中展示与现实中专家解决问题过程相类似的探索过程，提供解决实际问题的原型，并指导学生的探索；强调以模拟真实性任务供学生了解自己所要解决的问题，以整体性、复杂性、挑战性任务激发学生学习的内部动机，培养学生解决问题的能力。

显然，情境性教学的仿真性应是高校英语口语教学竭力追求的教学思路。仿真性探索过程或原型式问题解决过程展示，是当前普遍的英语口语教学模式。通过外文书店货架上琳琅满目的音像口语教学材料，就能感受到人们单纯依赖英语口语教材的时代已经一去不复返。情境性教学理论对于转变学习观、教学观具有重要的现实意义，也正因为如此，如何大胆地取舍教材，如何大胆地汲取各种信息媒介中的英语口语课程资源，已经成为目前必须正视和思考的问题。

第二，支架式教学。支架式教学模式是针对教师和学生在教与学的过程中各自所起的作用而言的，教师引导着教学的进行，辅助学生掌握、建构和内化所学的知识技能，从而使学生进行更高水平的认知活动。也就是说通过支架（教师的帮助）把管理学习的任务逐渐由教师转移给学生自己，最后撤去支架。

具体到英语口语教学，教师的引导和辅助作用也十分重要。成人语言习得需要在课堂上尽可能多地接触可理解的语言输入（input），大量输入对于语感形成具有重要作用，因此大多数教师还是倾向于学生外语学习中习得（acquisition）与学习（learning）并存的说法。根据我国英语教学法在传统教学法与交际教学法之间如何做出选择的问题，应依照不同的原则，把二者有机结合起来。在高校英语口语课堂教学中，教师必须做的就是让学生理解语言输入，进而保证学生从"i"阶段（习得者的能力水平）移向"i+1"阶段，即按某种自然顺序（natural order）习得的阶段。而如何把握"可理解"的尺度是非常关键的，是非常需要教师发挥其"支架"作用的。

第三，随机进入式教学。随机进入式教学是指对同一内容、不同时间、不同情境，基于不同目的，着眼于不同方面，用不同方式多次加以呈现，以实现学习者对同一对象的全方位、多方面的理解。

2. 输入输出理论

（1）输入理论。输入教学理念在外语教学与研究领域一直受到广泛关注。作为语言习得的前提和必要条件，学者们就其在语言习得过程中的地位进行了论述。在关于输入的众多理论研究中，最具影响力的是美国学者克拉申（Krashen）在1985年提出的"输入理论"，他指出，可理解性输入（Comprehensive Input）是二语习得的唯一条件。"可理解性输入"指的就是整体难度不超出外语学习者的基本能力和理解范围，但又稍稍高于学习者的现有水平的语言输入，用公式表示就是"i+1"，"i"代表学习者目前的知识水平和能力，"1"代表略高于学习者目前知识水平的语言知识，"i+1"表示学习者习得后略高于原来水平的语言能力。

克拉申认为只有提供给学习者高于目前语言水平的可理解性输入，语言的习得才得以发生。对于"i+1"的知识内容，学习者根据具体语言材料提供的情景则能自然而然地习得语言，语言能力的提高也因此自然而然地发生。

可理解性输入应具备以下特性。

第一，可理解性。可理解性的输入是产生语言的前提和要素，不可理解性的语言对于语言习得是毫无用处的。为语言学习者提供的语言材料及创造的语言环境应是可理解性的，只有这样学习者才能根据自己的现有语言水平有选择性地获取新的语言知识，从而推动语言能力的进一步提升。

第二，非语法性。语言材料和教学内容的安排没有必要按照语法要求编排，这样做的目的是帮助学习者把注意力放在具体语言使用环境中的语言交流上，避免学习者把注意力过度集中在语言形式上的安排。

第三，关联性。用于输入的语言必须要与学习者有一定的关联性，只有这样，学习者才能够在相关背景知识的帮助下自然而然的习得语言。

第四，充足性。对于学习者语言知识的输入量要充足并且高于当前语言学习者的语言水平，只有充足的高于现有语言水平的输入才可以促使习得的产生。

（2）输出理论。输入理论认为可理解性输入是语言习得的唯一条件，输出则是输入的自然结果，对语言习得没有直接作用。输出理论是著名语言学家斯温（Swain）采用法语对于以英语为母语的学生开设的语法课程时提出的。学生在进行外语学习的过程中会出现一些较常见的语法错误，这种现象出现的原因并不单纯是学习者的语法基础，另外一个通常被教育者忽视的原因是课堂上老师绝大多数时间都在进行输入式的教学，学生很少用目的语言进行交流，教师的反馈难以形成系统。输出理论认为，语言的习得不仅需要输入，输出也是必不可少的一个环节。可理解性的输出不仅可以锻炼语言学习者的流利性，对于提高学习者的语法准确性也有重要意义。

可理解性输出对于语言的习得具有三种功能，分别是：引发注意功能、假设验证功能和元语言功能。

第一，引发注意功能。输出理论认为，在学习者进行目标语输出的过程中，会注意到自身的语言问题和目标语之间的差距，这种注意引发学习者进一步有意识地思考和认知，语言输出的准确性得以产生。

第二，假设验证功能。语言学习者在习得的过程中首先对目标语的语言形式和结构形成假设，然后以输出为形式对于假设进行验证，随着反馈的产生，不断进行修正，进而形成新的假设，假设验证功能循环进行，语言习得随之产生。

第三，元语言功能。元语言是指学习者所具有的目标与知识的总和。输出过程中，学习者的反思和分析，激发了其对目标语的内在认识，以语义为基础的认知逐渐过渡到以语法为基础的认知，输出在整个过程中扮演了元语言功能。

3. 输入输出理论对于高校英语口语教学的启示

（1）完善可理解性课堂输入。学生在口语表达中遇到的最大问题通常是无法用现有的语言知识表达自己的观点和想法，究其原因是语言输入太少，输入量不足，无法促进输出。可理解性输入对于语言习得具有重要意义，高校英语口语教学改革的首要任务就是完善和加强可理解性的课堂输入。

根据输入理论的要求，提供给语言学习者的输入须是可理解性的，只有可理解性的输入才能有效促成语言习得。因此，高校英语课堂上的语言输入首先需符合学生的实际语言水平，根据学生现有水平进行输入材料的选择，因材施教，输入材料既要符合学习者的现有水平，又要在一定程度上超出学习者目前的口语水平，这样的输入更有针对性。高校扩招使得学生的口语水平参差不齐，而完善的可理解性课堂输入能够有效解决这一问题。

另外，丰富的输入材料对于输入是必不可少的。克拉申的"i+1"公式明确指出高于学习者目前水平的输入量的必要性。多种多样的阅读材料和听力资源都是输入的有效途径，教师可以不拘泥于教材，向学生推荐一些知识性、趣味性、前沿性都很强的阅读听力资源，如可以让学生阅读英语报纸杂志，观看英文电影和电视节目，收听英文广播等。这样能让学生有效地补充课内输入单一性的不足，让学生接触到纯正的英语表达，让学生通过课内外输入尽可能多的语言知识，以促进口语输出的产生。

（2）多种途径推动语言输出。根据输出理论，可理解性输入之后，大量可理解性输出对于语言习得起着关键性的作用。对于高校英语口语教学而言，形式多样、行之有效的口语输出方式至关重要。对于口语输出而言，轻松愉悦的课堂氛围是非常必要的，教师要为学生营造一种轻松的无压力的交流氛围，充分考虑到学生的个体差异，重视对于学生的鼓励和自信心的培养，使学生在宽松的课堂环境中进行有效的口语输出。

传统的高校英语教学实践中，教学模式以单一语言输入方式为主，高校英语口语课堂改革中，教师应不断探索多样性输出形式，力争在有限的课堂时间之内，提供给学生更多的输出机会。开展分组讨论，作报告，辩论，故事复述，图片描述，定题对话，英文歌曲比赛，短剧表演等课堂活动，培养学生口语表达能力的输出方式。在学习者输出的过程中，他们在特定语境中意识到自己目前的语言水平与目标语之间的差距，充分引起学习者的注意，推动学习者进行语言输出，并在输出的过程中不断验证假设，促使学习者不断完善本身的语言结构，从而达到语言能力的习得。

（3）完善英语口语测试体系。测试是输出过程中的重要环节，比较一下我国目前现行的各类语言类测试，会发现现行英语考试中，英语口语测试并没有引起足够的重视，极大限制了英语学习者口语水平的发展。对于现行影响力最广的中考，高考，大学公共英语四、六级考试，专业英语四、八级考试，都没有对于口语的考查环节（即使个别考试有口语测试的环节，也只是针对极少数成绩较高的同学而设置的测试），现行英语考试设置对于口语测试部分的忽视，无疑会把绝大多数高校英语学习者的学习重点引向阅读或者听力、写作，而忽视了口语表达的重要性。

输入输出理论作为语言习得的全新视角，在如何加强教师与学生之间、学生与学生之间的互动，如何提升学生的学习动机和积极性，如何设计以输出为目的的教学活动等方面都具有重要的启发性作用。如果将输入输出理论应用到英语教学实践和改革中，完善可理解性的课堂输入，并且探索多种途径推动学习者的语言输出。输入输出理论作为一种全面的视角和教学思路在高校英语口语教学改革及整个高校英语综合教学模式探索方面都有一定的启发和借鉴作用。

（二）高校英语口语教学的二语习得理论

1. 二语习得理论的性质

第二语言习得（Second Language Acquisition，二语习得），通常指母语习得之后的任何其他语言学习。人们通常从社会学、心理学、语言学等角度去研究它。第二语言习得研究作为一个独立学科，大概形成于20世纪60年代末70年代初，距今已有50多年的历史。它对第二语言特征及其发展变化、学习者学习第二外语时所具有的共同特征和个别差异进行描写，并分析影响二语习得的内、外部因素。与其他社会学科相比，二语习得研究是个新领域，大都采用母语研究、教育学研究或其他相关学科的方法。概括地说，这一领域的研究是为了系统地探讨二语习得的本质和习得的过程。其主要目标是：描述学习者如何获得第二语言以及解释为什么学习者能够获得第二语言。

2. 二语习得理论的研究

早期的第二语言习得理论是教学法的附庸，为提高教学质量而服务，但是随着时代变迁，第二语言习得理论有了自己的研究领域而开始成为一门独立的学科。如今的第二语言习得研究涉及三大领域，即中介语研究、学习者内部因素研究和学习者外部因素研究。

自20世纪70年代以来，人们对二语习得从各个不同的方面进行了研究，所运用的研究方法也各具特色。有的研究侧重于描写，有的研究偏重假设，有的研究则采用实验，第二语言的多侧面、多方法的研究格局导致了该领域中的理论层出不穷。比较著名的二语习得理论有：乔姆斯基的普遍语法与二语习得、克拉申的监控理论和二语习得环境论。

在20世纪末影响最大、最引人关注的二语习得理论当数克拉申的监控理论（Monitor Theory）。他把监控理论归结为5项基本假说：语言习得与学习假说、自然顺序假说、监控假说、输入假说和情感过滤假说。克拉申认为第二语言习得涉及两个不同的过程：习得过程和学得过程。所谓"习得"是指学习者通过与外界的交际实践，无意识地吸收到该种语言，并在无意识的情况下，流利、正确地使用该语言。而"学得"是指有意识地研究且以理智的方式来理解某种语言（一般指母语之外的第二语言）的过程。克拉申的监控假说认为，通过"习得"而掌握某种语言的人，能够轻松流利地使用该语言进行交流；而通过"学得"而掌握某种语言的人，只能运用该语言的规则进行语言的本监控。通过一种语言的学习发现，"习得"方式比"学得"方式显得更为重要。自然顺序假说认为第二语言的规则是按照可以预示的顺序习得的，某些规则的掌握往往要先于另一些规则，这种顺序具有普遍性，与课堂教学顺序无关。"输入假说"是"监控理论"的核心内容。克拉申认为，学习者是通过对语言输入的理解而逐步习得第二语言的，其必备条件是"可理解的语言输入"（comprehensible input）。只有当学习者接触到的语言输入是"可理解的"，才能对第二语言习得产生积极作用。"情感过滤假说"试图解释为何学习者的学习速度不同，最终达到的语言水平不同。学习者所接触的可理解输入的量以及他们的情感因素对语言习得同样产生重要影响。情感最终影响语言习得的效果。

3. 二语习得应用的阶段

二语习得在实际的语言学习过程中包括四个基本阶段：第一阶段为沉默期；第二阶段为英语语法干扰期；第三阶段为学术英语提高期；第四阶段为学习曲线上升期。

根据前面所述的二语习得理论及具体的四个阶段可以看出，二语习得理论对语言教学有着重要的启示作用，确实为第二语言习得的研究和教学开辟了一片新的领域，使第二语言的教学有了明显的进步，而由克拉申自己开创的自然教学法也取得了很好的效果。首先，语言是交流的工具。二语习得理论是建立在"语言是交流的工具"这一基础上的。习得和学得的区别是前者是潜意识的学习过程，后者是有意识的学习过程。习得是以"规则"为判断基础，学得是以"语感"为判断基础。从根本上说，语言是交流的工具而不是规则、语音和词汇的组合。我国学生和教师都熟悉传统的语言教学模式，通常每一节课都会以教授和练习某一语法结构为目的，这一语法结构掌握了，就会开始下一个。事实上，应该"先要交流再要语法"。只有把交流看作教学的重心，语言教学才会成功。其次，输入第一，输出第二。在语言学习中，听、说、读、写四种技能很难被分开，所以也很少有人去考虑哪个更重要。克拉申则强调只有在有了足够的输入，学习者感到已经准备好了的时候，输出才会自然出现。在接触了足够的输入，积累了足够的语言能力后，输出会自然出现。克拉申认为可理解的输入是提高语言能力的唯一因素。最后，语言课堂的气氛应该降低情感过滤因素影响。情感因素会妨碍或促进输入到达语言习得机制。所以，语言学习的课堂气氛应当有助于降低学生的情感因素的妨碍作用。

作为高校英语口语教学当中角色之一的教师就要发挥好指导作用。教师的首要职责是创造一种宽松的课堂氛围促进语言习得的效果。教师的主要任务是鼓励学生，提高学生的语言学习兴趣。无论他在课堂里做什么，教师都应该能够激发学生的兴趣，降低学生的情感过滤因素的妨碍作用。在教学的不同阶段，教师可能会担当不同的角色。

（1）提供输入材料阶段，教师就是提供信息者。这一阶段是语言学习最重要的阶段，教师将是舞台的焦点，通过各种手段向学生提供可理解的足够的输入材料。

（2）练习阶段，教师将是导演和现场督导。在此阶段，轮到学生说话，教师要像经验丰富的导演那样进行指挥和组织，并起到督导的作用保证活动的顺利进行。

（3）输出阶段，教师将是经理和导游。在这一阶段要善于鼓励学生，使学生保持兴趣。同时，作为高校教师，还应该要注意在课堂的教学活动中不要过分要求输出，在开始阶段应允许学生用单词、短语，甚至断句来回答，循序渐进；语法虽然是英语学习的基础，但在口语的教学活动中，对语法的纠正应该被局限在最低的程度，毕竟有意识的语法应用无助于语言能力的提高；教师应当积极主动，多以鼓励和辅助为主，这样才有助于提高学生在口语学习中的学习动机，增强学生的自信，降低学生的焦虑不安。

二、高校英语口语教学的目标与特点

（一）高校英语口语教学的目标

高校英语口语教学目标分为三个等级，即基础目标、提高目标和发展目标。

1. 基础目标

基础目标是针对大多数高校非英语专业学生的英语学习的基本需求确定的。具体包括：能就日常话题用英语进行简短但多轮的交谈；能对一般性事件和物体进行简单的叙述或描述；经准备后能就所熟悉的话题作简短发言；能就学习或与未来工作相关的主题进行简单的讨论。语言表达结构比较清楚，语音、语调、语法等基本符合交际规范。能运用基本的会话技巧。

2. 提高目标

提高目标是针对入学时英语基础较好、英语需求较高的学生确定的。具体包括：能用英语就一般性话题进行比较流利的会话；能较好地表达个人意见、情感、观点等；能陈述事实、理由和描述事件或物品等；能就熟悉的观点、概念、理论等进行阐述、解释、比较、总结等。语言组织结构清晰，语音、语调基本正确。能较好地运用口头表达与交流技巧。

3. 发展目标

发展目标是根据学校人才培养计划的特殊需要以及部分学有余力学生的多元需求确定的。具体包括：能用英语较为流利、准确地就通用领域或专业领域里一些常见话题进行对话或讨论；能用简练的语言概括篇幅较长、有一定语言难度的文本或讲话；能在国际会议和专业交流中宣读论文并参加讨论；能参与商务谈判、产品宣传等活动。能恰当地运用口语表达和交流技巧。

（二）高校英语口语教学的特点

1. 口语教学内容的特点

英语口语教学的内容是广泛的，它不仅包括在口语课上教学生如何说，而且还要从教学内容、教学安排等方面保证学生在课下都有大量的口语实践机会。因此，教学内容的广泛、可延展性是英语口语教学的一大特点。教师可以有计划地组织安排各种训练活动，把训练学生听、说、读、写、译等各项能力有机地结合起来，根据不同阶段，不同的练习目的和主题采取诸如朗诵、辩论、演戏、配音、口头作文等多种形式，把握适当的难易度，巩固学生的基本功，使教学内容成为一个弹性、知识性与趣味性并重的系统。

另外，高校英语口语教学是工具性和人文性的统一体，也是拓宽知识、了解世界文化的素质教育过程。因此，设计高校英语口语课程时应充分考虑学生的文化素质和国际文化知识的传授以及听说能力培养的要求，给予足够的学时，鼓励使用先进的信息技术，开发建设网络课程，为学生提供良好的语言听说环境与条件。根据学校的实际情况，按照《教学大纲》的要求和本校的教学目标和教学特色将课堂教学与第二英语课堂相结合，确保不同层次的学生在英语应用能力方面得到充分的训练和提高。无论是第二英语课堂，还是主要基于课堂教学的课程，其设置都要考虑不同起点的学生，从提高学习兴趣的角度出发，激发学习动机，从而能大胆开口说英语。

2. 口语教学模式的特点

高校英语口语教学不同于一般的知识传授过程，它的教学模式需要更多地体现英语教学的实用性、知识性和趣味性，有利于调动教师和学生双方的积极性，尤其要体现学生在教学过程中的主体地位和教师在教学过程中的辅导作用。教师可以根据不同活动内容的需要，灵活多样的选择最恰当的教具和最直观有效的教学手段，激发学生的学习兴趣，提高学习的积极性和主动性。根据学校的条件和学生的口语水平，还可以充分利用网络环境，直接在网上进行听说教学和训练。网络教学系统能随时记录、了解、检测学生的学习情况以及教师的教学与辅导情况，充分体现英语教学的互动性。与其他教学模式相比较，口语教学的教学手段和教学方法的选择是否成功极大地影响着口语教学活动中学生互动性的实现程度，进而影响英语教学效果的好坏。

3. 口语教学评估的特点

教学评估是英语口语教学的一个重要环节。全面、客观、科学、准确的评估体系对于实现教学目标至关重要。它既是教师获取教学反馈信息、改进教学管理、保证教学质量的重要依据，又是学生调整学习策略、改进学习方法、提高学习效率和取得良好学习效果的有效手段。对学生学习的评估可分为两种：一种是形成性评估；另一种是总结性评估。无论采用哪种形式，高校英语口语教学的评估都是考核学生实际使用英语语言进行交际的能力。其中，学生口语表达的准确性和流利程度是衡量口语教学效果的重要指标之一。高校英语口语教学的主要内容是语音教学，自然规范的语音、语调将为有效而流利的口语交际打下良好的基础。英语口语教学是通过对学生语音、语调、语速的准确性和流利程度来进行的。

4. 口语教学管理的特点

高校英语口语教学的管理贯穿英语口语教学的全过程，要确保英语口语教学达到既定的教学目标，必须加强教学过程的指导、监督和检查。因此，高校英语口语教学的管理要做到以下几方面。

（1）必须有完善的教学文件和管理系统。教学文件包括：学校的英语教学大纲和口语教学的教学目标、课程设计、教学安排、教学内容、教学进度、考核方式等。管理系统包括：学生口语成绩和学习记录、口语考试分析总结、口语教师授课基本要求以及教研活动记录等。

（2）口语教学推行小班课，每班不超过 30 人，若自然班人数过多，可将大班分成约 30 人的小班，分开上口语课。

（3）有健全的教学管理和培训制度。英语教师的口语水平是提高口语教学质量的关键，学校应建设年龄、学历和职称结构合理的师资队伍，加强对教师的培训培养工作，鼓励教师围绕教学质量的提高积极开展教学研究，创造条件因地制宜开展多种形式的教研活动，除课堂教学之外，对第二课堂指导的课时应计入教师的教学工作量。

三、信息化时代高校英语口语教学策略

（一）高校英语口语教学的一般策略

高校英语课主要目的是通过大量的语言实践和有意义的语言运用，帮助学生提高语言技能和实际运用英语的能力。英语课应倡导学生主动参与课堂教学活动，以口语训练为主，勤于动口，积极与他人合作、交流，激发英语学习情趣。

1. 提高教师教学水平

首先，在教师的考核内容中，加大对英语教师口语水平的考核力度，制定明确的奖惩措施。在整个考核体系中，完善对英语教师口语水平的奖惩措施。其次，切实创造机会并推进英语教师出国学习、交流和深造。这种机会需要学校整合各方面资源，积极开拓，重在实施。然后，积极鼓励英语教师深造、进修等。当今互联网不仅为英语教师和学生提供了海量学习资料，而且提供了大量的英语学习软件，教师在业余时间，也可以进行跟读或

对话，强化自己的口语能力。同时，学校可以适当引进外教，充实英语教师团队，增强师资队伍整体水平。外教的到来也会带动英语教师的积极性，起到积极的引导作用。

2. 纠正学生的英语发音

在高校英语的第一堂课，向学生阐明正确发音的重要性，即标准的发音是一个人英语口语素质的基本体现。并且督促学生积极纠正，在课下同学之间互相帮助、互相监督。同时教师也应该帮助学生总结一些极其容易出错的发音，在课堂上有针对性地指出，让学生引起足够的注意和重视。教师可以安排学生课下做一些他们感兴趣的原声材料模仿练习并要求在课堂上进行展示，例如，电影对白、演说词、诗歌朗诵、英文歌曲等。学生通过模仿不仅可以纠正每个单词的发音，也可以有意识地去学习纯正的语调及地道的表达方法，从而增加对英语的语感。

3. 培养学生自主学习意识

口语课成功与否很大程度上取决于教师与学生是否明确他们各自在口语课上的作用。现代英语教学法专家认为，教师不应是课堂的中心，真正的中心是学生。建构主义学习理论认为学生是信息加工的主体，是意义的主动构建者。在英语口语教学中，学生是主体，教师要相信学生，培养他们的自主意识，并调动学生参与课堂教学的积极性，有效地改变教师"一言堂"的沉闷、单调的教学模式，形成以学生为主体的课堂教学氛围。具体到外语课堂上就是学习者中心地位的确立，著名语言学家大卫·纽南（David Nunan）认为，当今世界外语教学的总体趋势是以交际法为功能（Communication-functioned）、学习者为中心（Learner-centered）、任务性学习为载体（Task-based）。

4. 培养学生用英语思维的能力

（1）鼓励学生掌握尽可能多的词组。在高校英语教学中，单词的学习，不能占用太多的课堂时间，而应该成为学生自主学习的一项主要内容。传统教学中比较重视的单词的掌握，并搭配一定的例句，但在实际生活中，词组才是人与人交流的最小单位。因此，学生应以词组为单位，尽可能多地掌握词组。教师为了引导学生可以在课堂上适当地加入词组接龙竞赛之类的游戏，要求学生按顺序将自己所掌握的词组写到黑板上，这种方法一方面可以活跃课堂气氛；另一方面也可以提高学生记忆词组的积极性。

（2）地道英语、固定表达法的学习。有些地道的英语表达法可以猜出他们的意思，却很难在说的时候想到这些固定的说法。所以，教师应该引导学生多看些纯正的英语阅读材料，地道的英语影片，并有意识地积累这样的句子，如用一个小本子把平时看到的优秀句子记下来，有空时就多拿出来翻一翻、读一读，从而帮助自己记忆。久而久之，在很多情境下，学生们就可以按照英语的模式来表达意思了。

（3）背诵文章讲故事，培养语感。学生通过背诵短小精悍的文章，可以缓解畏难情绪，激发他们的兴趣，更重要的是培养了他们的语感。在跟读—朗读—背诵这三部曲的练习中，学生大大提高了他们的断句能力和理解能力。其实，无论是什么材料，只要是地道的英文，难度符合学生的水平，内容是学生们感兴趣的，坚持背诵，都能提高学生的语感。例如，教师可以在每节口语课上安排一个学生讲故事的环节，要求学生们把课下收集的或者自己感兴趣的故事或者笑话在课上讲给大家听，其实只要是学生感兴趣的，他们都能在课堂上踊跃表现。

（4）注重口语教学中的输入和输出活动。口语教学的特殊性也表现在语言的输入与输出的关系上。输入与输出是构成口语交际能力的重要部分。外语交际能力包括准确接收信息和发出信息的能力，也就是输入与输出的能力。只有经过一定的语言材料的输入才可能有输出。一般而言，学生很少有机会与来自说英语的国家的人士交谈，缺乏真实自然的语言环境。教师作为课堂教学的组织者，既要注重给学生创造外语的环境，尽可能多地用英语组织教学，扩大学生间、师生间的英语交流，更要把课堂里所要掌握的知识与口头表达有机地融合在一起，给学生创设一个听说英语的氛围。这就需要教师在教学中想方设法培养学生"听"和"说"的能力，帮助他们养成听说结合的习惯。高校英语朗读磁带、听力训练磁带和录像带为学生提供了很多素材，有助于扩大思维空间，提高学生对课文主题的兴趣，同时也增加了语言的输入。

第一，先听题，后听课文，回答问题法。这一步让学生进行听力综合训练，培养语感，引导学生从整体上感知课文，提高在听的过程中获取和处理信息的能力。

第二，看录像，再听课文，了解课文大意法。这一步要求学生抓住关键词；听大意和主题；确定事物的发展顺序或逻辑关系；预测下文内容；理解说话人的态度；评价所听内容；判断语段的深层含义，使学生进一步了解课文内容。

学生的口语输入主要通过教师课堂上课，听英语磁带，看录像、电视等获得，其中教师在课堂上的作用非常重要。

（5）强化交际性训练，提高口语交际策略。交际能力包括四个方面：一是语言能力，指正确理解和表达话语（utterance）和句子意义所需的语音、词法、句法、词汇等语言知识系统；二是社会语言（sociolinguistic）能力，指语言使用的规则，即在人际交往中合适理解和使用话语的能力；三是语篇（discourse）能力，指在超句子水平面上理解和组织各种句子构成语篇的能力；四是语言策略能力，指说话者在遇到交际困难时运用的一套系统的技巧，用于补救交际中因缺乏应有的能力而导致的交际中断。从以上分析中不难看出，语言能力只是交际能力的一个组成部分，缺乏语用能力，即社会语言能力、语篇能力和语言策略能力，交际能力只是纸上谈兵。因此，高校英语口语教学应注重在交际性训练中培养语用能力，提高口语交际策略。

第一，创造语言环境，营造以学生为中心的课堂交际场景。教师应联系社会生活设计真实的任务情景，将语言知识的学习融于语言使用的活动中，使语言能力和语用能力的发展紧密结合起来。另外，策略能力也是交际能力不可忽视的一部分。当学生语言知识和语言能力有限，不足以充分和合适地表达自己的思想时，可利用转述、借用、手势与回避等策略保持交际渠道畅通。

第二，发挥教师的指导作用，调控与激励学生的学习动机。动机策略包括激发和调动学生的外部动机和内部动机。外部动机指学习活动的表现与活动结果之间的联系，如出色的表现所带来的知识积累及其在今后学习中的价值；内部动机指学生在活动中花费努力而获得的自我愉悦和成就感。因而教师应充分调控与激励学生的学习动机，为他们提供必要的资源和帮助。

第三，充分利用多媒体辅助教学，享受纯正的现场语言交际情景。多媒体信息量大、速度快，可帮助教师传递大量信息，给学生提供多种形式的训练方法及更多的语言实践机会，有利于语言应用能力的提高。同时，它具有语言、画面、音响三结合的特点，把学生带进真实的社会语言交际场所，视觉、听觉冲击力强，效果得以优化。

（二）信息化高校英语口语教学的创新策略

1. 加强学生对英美文化底蕴的习得

语言是一种交流工具，也是文化、历史、风土人情的传递使者。多了解和学习交际对象所在国籍的人文背景，有利于减少交际中的误会和麻烦。为了增加英美文化知识底蕴，英语教师在课堂上的指引作用必不可少。利用信息化环境的优点，进行各方面知识的补充和更新，善用总结和提炼，启迪学生在不同情境下进行判别并找出应对策略。高校英语教师在开展新话题时，应有意识地介绍清楚该话题的背景、中外差异、注意事项等。通过重复性的思维与学习方式训练，让学生能够清楚话题的来龙去脉，进行无障碍沟通。

2. 优化课程设置安排

高校英语口语教学需有自己的特点，基于互联网，突出应用性、可操作性和实用性。利用互联网不断更新观念，以英语口语的实际要求作为课程调整的方向和重点，优化课程设置，可以将高校英语口语教学内容分为听、说、读、写四个板块，进行同步训练。

3. 巧妙运用教育心理学引导学生

教师在高校英语口语教学活动中，可以对学生细微的进步进行表扬与鼓励，同时对学生兴趣的培养也离不开教师的细心选材、精彩演绎。通过网络上各种学习资料，鼓励学生尝试着说一说他们感兴趣的英语话题。这些需要教师进行大量的背景知识的储备，而互联网可以帮助教师扩充知识面。开展丰富的教学活动时，从网络资源中筛选出最有趣的、最新的话题，营造轻松、愉悦的氛围，组织全班同学进行合理分组讨论、分组提问、角色转换与扮演等活动，以获得融会贯通的英语口语技能。

4. 高校英语教材应跟上时代潮流

互联网的高速发展带动了整个社会的变革。在教育活动中，教材是文化与知识的真实载体，为了能够取得良好的高校英语口语教育效果，英语口语教材的编辑需要在快速变化中跟上节奏。第一，在教材编写过程中要注意实用性、趣味性，避免难度过高、晦涩难懂；第二，在内容选材上，形式鲜明、生动，紧密联系现实学习生活，更倾向于选择具有相关实践性的语境和话题；第三，教材的设置要有层次性，既有助于培养各种专业背景学生的口语表达能力，又能让学生进行长期性的学习；第四，教材结构应灵活充实。教材的组织可以分基础篇、拓展篇与选学篇，这种组织形式能够满足各种层次水平学生的学习要求，通过这种编排形式的教材，所有学生均能有所收获。

第三节　信息化时代高校英语阅读教学

一、高校英语阅读教学的理论认知

很多中外学者从不同角度研究或提出了行之有效的阅读理论，如外语界比较熟悉的，最具有影响力的有图式阅读理论、阅读模式理论、语篇分析理论、词汇衔接理论和合作学习理论等。

（一）图式阅读理论

1. 图式理论与图式阅读理论

图式（schema）概念最早是由德国哲学家康德（Kant）在其著作《纯粹理性批判》

一书中提出来的，他从哲学层面上分析认为图式是联结人们大脑中纯概念与感知对象的纽带。后来德国心理学家巴特利特（Bartlett）和美国人工智能专家鲁梅尔哈特（Rumelhart）对图式理论逐步完善，形成了现代图式理论。现代图式理论的基本观点认为：图式是认识的基础，人们处理外界的任何信息都需要调用大脑中的图式，依据图式来解释、预测、组织、吸收外界的信息。图式理论强调人们在理解新事物时，需要调动新事物与已知的概念、过去的经历和背景知识，将头脑中已存的与新事物相关联的图式联系起来，否则无法理解输入的新信息。

20世纪80年代，心理学家将图式理论运用到外语教学中，用它来解释阅读理解的心理过程，从而形成了图式阅读理论。图式阅读理论认为阅读过程是读者头脑中已有的图式与文本信息双向互动的过程，而阅读理解是文本信息与读者头脑中已有的图式双向互动的结果。阅读理解的双向过程包括两方面的信息加工过程，"自下而上"和"自上而下"的过程。自下而上指对文本中字、词、句、段落和篇章由小到大的理解过程；自上而下指读者根据头脑中的已有图式，如文化背景知识、文章主题内容、语篇结构等，对文本信息进行自上而下的预测、验证、修正。高效的阅读理解是在这两个过程的交互作用中实现的。

2. 图式阅读理论的类型

图式阅读理论分为三种类型：语言图式（linguistic schema）、内容图式（content schema）和形式图式（formal schema）。

（1）语言图式是指读者所掌握的语言文字知识，它包括该语言的语音、词汇和语法方面的知识。如果不具备这方面的语言图式，就无法对输入的文章文字信息进行解码，获取文字的意义。因此，读者要想理解文章，首先必须掌握与阅读文章相关的语言图式，语言图式掌握的熟练程度决定了对阅读的理解程度。

（2）内容图式是指阅读者对所读文章涉及的主题内容、题材或文化背景知识的了解。任何阅读材料都表达了一定的内容思想，建立在一定文化背景基础上。在实践中常发现这样一种现象，如果阅读者对阅读材料的主题内容和背景知识比较熟悉，即使在一些文字不熟悉的情况下，阅读者也能比较容易，并且准确地理解文章。这主要是阅读者具备了相关的内容图式。读者对于文章内容越熟悉，理解内容就越容易。

（3）形式图式是指读者对文章的体裁和篇章结构方面应该掌握的知识。文章内容的表述都是按一定顺序和结构形式排列语言的。不同体裁的文章具有不同的结构特点和语篇风格，如叙事类（narration）、描写类（description）、说明类（exposition）和论辩类（argumentation）的文章都体现出不同的体裁风格和结构形式。掌握了相关知识，就很容易把握文章的内在逻辑关系，理解作者要表达的思想。

在高效的阅读过程中，三种类型的图式运用相辅相成，缺一不可。其中，语言图式是内容图式和形式图式的基础，负责对语言文字进行解码和整合，并提取意义。语言图式对于理解文本的作用属于自下而上的心理加工过程。因此，阅读者首先应具备识别文章字、词、句的语言图式能力，只有在跨越语言障碍的基础上，才能激活和调用更高层级的内容图式和形式图式的资源，才能实现对文章的理解。语言图式在阅读理解过程中具有显著的地位，但仅具有这种图式并不能准确地理解文章内容，还必须激活相关的内容图式，掌握形式图式。即三种图式必须形成一个层级结构，相互影响，单一的图式能力不能达到有效的阅读效果，有效的阅读必须是三种图式合力的结果。

（二）阅读模式理论

1. 自下而上阅读模式

自下而上阅读模式指的是从词语、词组到单一句子，到英语文章整体分层次、分步骤进行阅读理解，注重的是让阅读者从最低级的单词开始理解，最终理解整篇文章所表达的内容和主题。该模式能够加深在阅读过程中对文章中出现的一些语法现象等的理解，但是并不能很好地完成阅读者本身与文章之间的互动交流，该模式把阅读过程视为阅读者仅凭文章中分解的因素比如词汇、句式等单向理解文章所传递信息的过程，忽视了阅读者在阅读过程中的主动地位和积极作用。

2. 自上而下阅读模式

自上而下阅读模式认为阅读者在阅读英语文章的过程中不应该处于被动接收信息的地位，而应该积极运用自己所掌握的英语语言知识，根据从文章中得出的语言线索，对文章所表达的内容和主题进行一系列的思考、加工、推测和判断等思维活动，它所强调的是阅读者所掌握的较高层的背景知识对阅读起到的积极作用，突出了阅读者在阅读过程中的主体地位，但是由于片面强调阅读者主动，反而忽视了同样重要的基础语言知识。

3. 交叉作用阅读模式

交叉作用阅读模式的提出和应用实际上是对前两种模式的有效结合，该模式认为在阅读理解的过程中，阅读者不仅仅要根据文章中的文字、单词进行掌握和理解，还应该充分利用自身已掌握的高层的背景知识对文章进行阅读。它强调了阅读者与文章之间的关系应该是双向的，即阅读者本身所掌握的知识与文章中的组成因素如词汇、句式、语法等是可以相互作用、相互影响的。相比前两种模式，这种阅读模式的优点在于对阅读过程复杂性的解释更为全面，在阅读教学中既强调了学生思维能力的作用，又强调了基础知识的重要性，与目前我国提出的高校英语教学阅读教学理论研究学大纲要求相适应，因此被教育工作者普遍认可和广泛运用。

（三）语篇分析理论

认知心理学认为语篇知识与阅读能力具有密切的相关性。学生对阅读材料中篇章结构的认知和理解能力与他们的阅读和写作总体水平呈正相关。这就要求教学过程不能使学生只停留在词句的水平上学习语言，而是应在语篇水平上，从表达完整确切意义和思想内容的语段篇章的层次结构入手，分析句子之间、段落篇章之间的衔接和相关意义及逻辑思维的连贯，帮助学生最大程度地获取和掌握文章所传递的信息，进而获得理解语篇作者的观点、态度、思想感情的能力，同时逐步培养学生恰当地使用语言的能力。

英语教师运用语篇分析理论进行教学的重点是要进行宏观分析，使学生初步了解课文的形式和内容，为以后深入理解课文奠定基础。文化背景知识是课文的宏观语境，对语言外的关系意义起着联结作用，对正确理解课文有很强的指导作用。因此，背景知识是读者理解特定语篇所必需的外部世界知识，它包括文章的创作背景、作者背景、文化背景等，涉及文章的写作年代和社会背景，作者的生平经历和写作风格，以及其他与文章内容相关的知识。文化背景知识的引入方式具有多种多样的特点。教师可以根据具体情况对背景知识有侧重点地介绍，或者布置学生从参考书籍或互联网查找相关的文化背景知识，然后教师负责帮助他们充分激活这些知识，有意识地运用这些知识进行阅读活动。

语篇理论认为，文章均有其特定的结构，尤其是议论文和说明文，基本上由主题段、描写或解说段和结论段构成。正确掌握语篇结构的知识可以帮助阅读者准确、快速地获取信息。所以，在教学中首先要考虑的问题是文章的框架结构问题，这样就可以从宏观上把握文章的脉络，解决类似"每个词都认识就是看不懂意思"的问题。语篇结构分析就是要将文章的语言特点、结构特征、主题表达等有机地结合起来，使学生能达到对文章内容的真正理解，包括作者意图和观点。

（四）词汇衔接理论

词汇衔接是语篇衔接中最突出、最重要的手段之一，它是指通过词汇选择，在篇章中建立一个贯穿篇章的链条从而建立篇章的连续性，也就是说词汇衔接是将一些话语与另外一些话语连接起来的手段和词汇关系。词汇衔接是语篇的有形网络，体现在语篇的表层结构上，不仅对语篇连贯起着重要作用，更重要的是能从各个层面上反映作者或说话者的交际意图，突出语篇主题。因而对词汇衔接的研究可以帮助我们深化对语篇的分析和理解，提高英语阅读教学效果。

1. 加强词汇衔接理论的系统讲授

在阅读教学中，教师在将词汇衔接知识系统传授给学生的同时，要鼓励学生经常应用这些知识以促进阅读能力的提高，课文精讲是高校英语阅读教学中的一个重要环节，教师在教学过程中应该以语篇为起点讲解课文，通过分析课文中的衔接手段让学生掌握作者的写作思路从而加深对课文的理解。

2. 注意词汇连接

教师在讲解课文时要时刻提醒学生注意词与词之间的关系，分析课文中的词汇衔接方式及其功能，引导学生抓住关键词从而提高学生对文章理解的程度，教师要有意识地引导学生把词汇衔接与略读、快读的训练结合起来，在略读一篇文章时运用词汇衔接知识可以使学生预测文章的发展方向，通过找到文章的关键词、主题句来帮助学生理解文章，在快速阅读中，与问题联系最多的句子中往往含有一定的词汇重复，如同义词、反义词、上下义词等。教师可以利用词汇衔接对学生进行查找特定信息的训练，从而降低答案搜索的盲目性，提高答题的速度和准确性。另外，教师应在指导学生借助词汇衔接分析语篇的同时，引导学生运用词汇衔接手段进行英语写作训练从而使阅读和写作起到相辅相成的作用。

（五）合作学习理论

合作学习理论的基本内涵为：第一，形成和改变学习者的学习态度，增进其合作学习技能；第二，创立紧密结合与整合学习为一体的学习方式；第三，发展批判性思维、推理和解决问题的能力。

1. 提倡分组教学

提倡分组教学并不是将整个阅读课教学变成自始至终的分组活动。分组教学与班级授课相结合才是推崇的阅读课教学模式。班级授课在知识点传授方面有容量大、省时省力等优势。在合作学习的教学活动中，教师的讲授也是必不可少的组成部分。合理的分组对提高合作学习的效率有重要意义。因此教师在运用分组教学理论进行教学时要精心地组织学生进行小组活动，并让学生在小组内持续发言。

2. 两人小组合作学习

将学生分成两人一组来完成大多数的学习任务，包括阅读和写作。当阅读水平较差的学生与同龄人结成学习小组时，他们将获得更大的帮助。许多阅读能力较差的学生认为他们最喜欢的老师是学生。两人小组合作学习不仅对学生提高阅读能力非常有效，而且较为实用。

3. 四人至六人小组合作学习

四人至六人小组合作学习，适用于较为复杂的分析性、探索性的阅读思考问题。这种合作学习方式有以下两方面优势：首先，小组成员互助合作、互相启发，形成智力互补，共同寻求解决问题的多种方案；其次，小组成员的合作讨论大大提高了学生的阅读兴趣及分析归纳、推理验证等逻辑思维能力，小组成员相互合作大大增加了学生的实践机会。

二、高校英语阅读教学的目标与特点

（一）高校英语阅读教学的目标

高校英语阅读教学目标分为三个等级，即基础目标、提高目标和发展目标。

1. 基础目标

基础目标是针对大多数非英语专业学生的英语学习基本需求确定的。具体包括：能基本读懂题材、熟悉语言难度中等的英语报刊文章和其他英语材料；能借助词典阅读英语教材和与未来工作、生活相关的应用文和简单的专业资料，掌握中心大意，理解主要事实和有关细节；能根据阅读目的的不同和阅读材料的难易，适当调整阅读速度和方法；能运用基本的阅读技巧。

2. 提高目标

提高目标是针对入学时英语基础较好、英语需求较高的学生确定的。具体包括：能基本读懂公开发表在英语报刊上一般性题材的文章；能阅读与所学专业相关的综述性文献，或与未来工作相关的说明书、操作手册等材料，理解中心大意、关键信息、文章的篇章结构和隐含意义等；能较好地运用快速阅读技巧阅读篇幅较长、难度中等的材料；能较好地运用常用的阅读策略。

3. 发展目标

发展目标是根据学校人才培养计划的特殊需要以及部分学有余力学生的多元需求确定

的。具体包括：能读懂有一定难度的文章，理解主旨大意及细节；能比较顺利地阅读公开发表在英语报刊上的文章，以及与所学专业相关的英语文献和资料，较好地理解其中的逻辑结构和隐含意义等；能对不同阅读材料的内容进行综合分析，形成自己的理解和认识；能恰当地运用阅读技巧。

（二）高校英语阅读教学的特点

高校英语阅读教学是较少受到质疑的语言技能之一，不仅对于其重要性，而且对于其教学效果方面都是如此。

1. 高校英语阅读内容的特点

从对高校英语教材的把握上看，教材中几乎包括了各种文体，具有多样性和现代性。其多样性表现为，一是文章涉及多个领域，如语言、文学、政治、经济、科技等；二是体裁有说明文、记叙文、议论文；三是语域的多样性，所选文章既有书面体文章，也有语体口语化乃至俚语化的文章。因此可以说，高校英语阅读教学的内容具有篇幅长、生词多、句法多样化、思想深等特点。

2. 高校英语阅读方式的特点

高校英语阅读一般分为精读（intensive reading）、泛读（extensive reading）和略读（skimming）。

（1）精读：学生应毫无遗漏地仔细阅读全部语言材料，并获得对整篇文章深刻而全面的理解。在精读课本中，每篇课文后的词汇、语法、句型及注释都应仔细领会。

（2）泛读：也可称为普通阅读，要读懂全文，对全文的主旨大意、主要思想和次要信息及作者的观点有明确的了解。对全文只做一般性的推理、归纳和总结，无须研究细节问题和探讨语法问题。但要求阅读速度高于精读速度的一倍。

（3）略读：一种浏览性的阅读，指学生以他能力能达到的最快速度浏览阅读材料。略读不需通读全文，只跳跃式地读主要部分，主要部分一般指第一段、最后一段及中间衔接段，因为第一段一般为全文概述，最后一段为归纳总结，中间衔接段一般为上下文关系段落或者有递进关系、转折关系、因果关系等。目的是获取全文的中心思想和主要内容。一般而言，略读的速度应快于泛读速度的一倍。

三、信息化时代高校英语阅读教学策略

（一）高校英语阅读教学的一般策略

1. 语篇教学法

在传统的语法翻译理论的指导下，英语阅读常常重知识点的分析而轻语篇的整体理解。语篇分析理论主张把文章看作整体，从文章的层次结构着手，引导学生注重句子与句子之间的衔接、段落与段落之间的过渡，使学生在语篇基础上掌握全文，从而提高理解能力。在高校英语阅读教学实践中，运用语篇教学法进行教学的主要环节如下。

（1）围绕文章标题，预测文章内容。文章标题是文章内容的总概括，通过对文章标题的分析，可以有效地预测阅读材料的语篇类型及题材。在此过程中，教师可以围绕标题提一些启发性的问题，这不仅有利于预测文章内容，还为下一步导入文化背景做好了铺垫。

（2）导入背景知识，进行体裁和语篇分析。体裁是文体分析的三个层面之一。体裁分析是语篇分析的一个方面。要让学生学会比较不同的体裁所达到的不同交际效果，就必须在教学中及时导入相应的文化背景知识，只有让学生充分了解不同文体的特点，认识不同文体的结构，才能有效培养学生运用正确的阅读方法来进行阅读的能力，从而提高阅读效果。例如，记叙文阅读时要抓住三个要素：人物、背景（时间、地点）和事件的发生、进程及结果。记叙文常通过时间的先后和地点、空间的转移来描述事情的发展过程。议论文则要抓住论点、论据和论证这些要素。说明文则需要注意主题句及辅助句。说明主题句的辅助部分常用举例的结构形式。与此同时，读者一定要明确语篇的整体形式。例如，文章如何开篇，如何结尾，段落如何发展、如何照应，主要观点如何贯穿全文，中心思想如何表达等。

（3）抓住主题句，把握语篇中句子和段落中心，进行推理。在此过程中，教师可以把《新编英语语法教程》（以下简称《语法教程》）中关于"篇章纽带"的知识以及有关语篇衔接与连贯的知识介绍给学生。例如，用表示时间顺序、地理方位、因果关系等逻辑概念的"过渡词语"以达到文章的连贯性和黏着性；或运用"语法纽带"即通过使用省略、替代、照应等句法手段达到承上启下的效果。从英汉语篇模式及其主题提出的位置来看，英语本族语者重直线型思维。在英语语篇中，英语本族语者倾向于在文章的前一部分（文章的前三分之一段落）提出主题思想。具体到段落中，每段常以一个点明中心思想的主题句开始，接着一层层展开主题，进行论述。

（4）把握全文中心思想。语篇是由段落组成的，每段的主题句基本概括了段落大意，读者通常可以根据主题句推测出语篇的大致内容。换句话说，综合几个主题句就可以概括出全文的中心思想。只要把握住全文的中心思想就能更快、更好地理解文章。

2. 重视词汇数量和阅读质量

词汇量和阅读量是阅读理解的基础，往往预示着阅读能力的高低。教师要督促学生加大词汇量和阅读量，鼓励他们多读、多写、多记，同时传授一些词汇记忆方法，如文章中记忆法、造句记忆法、联想记忆法、构词记忆法等。此外还有必要系统讲授一些词汇学习理解方法，如利用词缀猜测生词的含义；利用上下文来推测词义；利用近义词、反义词、同类词来比较词义；通过加大阅读量来巩固词汇等。同时注意一词多义，引导学生掌握词汇的派生、合成和转化等构词法知识，建立起便于记忆和应用的新图式，扩大自己的词汇量。

初次读一篇文章时，必将会遇到一些生词，教会学生从上下文中猜出这些生词的意思。首先，通过定义或重新陈述理解词的意思。作者有时为了使读者比较容易地理解某个词，常常在句子中给出该词的定义，或再用一个句子进行解释。其次，通过一般知识理解词的意思。读者通常应用一般知识或自己的经验就可以猜出词的意思。然后，通过相关信息理解词的意思。将上下文中有关的信息放在一起，读者可以猜出词的意思。最后，通过举例理解词的意思。

3. 传授快速阅读的教学技巧

（1）跨越生词障碍。影响阅读速度的最大障碍莫过于生词，跨越生词障碍可以通过猜测词义来解决。猜测词义的方法有很多，比如，根据语境、定义标记词（means，refer to，…）、重复标记词（in other words，…）、列举标记词（such as，…）以及同位语、同义词、反义词或常识等。但这些方法都离不开两大要素，首先是阅读者本身的文化修养，即语言、文化素质；其次是通过全局识破个体的能力。这就要求读者要不断扩大自己的知识面，懂得社会、天文、地理、财经、文体等科普性知识。

除了上述方法外，还可以根据构词法猜测词义。例如，large-enlarge（扩大，en-表示"使"），tell-foretell（预告，fore-表示"前"）等。高校英语阅读教学中，教师需经常提醒学生，一定要重视利用词缀来扩充词汇量和通过理解词缀的意义来判断生词的确切含义，达到提高阅读速度的目的。

（2）克服不良阅读习惯。首先，要避免以单词为注视点，而要按意群进行阅读，这样才符合眼睛与大脑的协调。成组视读是一种科学的阅读方法。它首先要求把所读的句子尽可能分成意义较完整的组群，目光要尽可能少地停顿。成组视读的关键在于它既不是默读（心读）更不是朗读，而是通过目光在外语与大脑之间建立直接的联系，即外语思维。其次，避免出声阅读和心读。出声阅读实际上是喃喃自语地把每个词读出来。心读实际上还是一种声读形式，只是没有声音，也看不到嘴唇的蠕动，但在内心想象各个单词的发音，存在着一种内心说话的形式。然后，要认识到阅读是一种视觉过程，是靠眼球自左向右的转动和大脑的协调来获取信息的。有人阅读时总是逐词地读，且常伴有一些习惯动作：用手指、摆头等，这些都是速读的障碍。读的时候要少眨眼、不摆头，只要眼球来回转动就可以了。

（3）利用略读与查阅来提高阅读速度。略读，即指读者以最快的速度粗略地对文章的内容获得梗概；而查阅，即指以最快的速度从一篇文章中淘沙拣金，获取读者所需的材料或信息，包括查找人名、地名、事件发生的时间或地点等。快速浏览文章的前面几段，以便对文章的内容、背景、写作的风格以及作者的观点等有所了解，而对后面的一些段落可以只读每段的主题句。主题句一般位于句首、句末，也有少数插入段中。

（4）浏览所提问题并根据问题阅读文章。作者根据自己的意图和思维模式，通过一定的语言手段，把分散的、细节的、具体的材料组织在一起，在训练或测试中，命题者往往采用多种方式进行提问，有直接的和间接的，但不管怎样，命题范围和思想基本与作者一致。阅读者先要搞清楚问题的要求，带着问题和所需的信息去查询，以提高阅读速度。

4. 注重文化知识的介绍

文化知识即一些文化背景，包括民族文化、风俗习惯、人物传记、社会经历、政治背景等。文化背景的积累方法可以有以下几种：依靠老师在阅读前进行讲授；靠大量中、英文阅读积累，多读有关国家文化背景、风土人情的读物；可查阅有关工具书参考了解有关背景知识；积极主动进行课外阅读。阅读的文章应体裁多样，可以包括记叙文、说明文、议论文等。

语言是文化的载体和组成部分，也是文化的写照和表现形式，其产生、发展和变化过程受文化的制约和影响，因而任何语言都带有所属文化系统的特征，包含着深刻的人文属性，体现着其民族的世界观和价值观。

二语习得研究发现，一种语言的习得和使用，不仅仅是语言结构本身的学习和使用，更离不开对这门语言所表现的文化内涵的了解，离不开对形成和使用这门语言的文化背景和底蕴的了解。在阅读过程中，文化背景知识的欠缺、文化意识的淡薄会直接影响到英语阅读的各个层面。可以说学生对阅读理解的多少与深浅，很大程度上取决于对文章所涉及的文化背景知识掌握的多寡。在高校英语阅读课的教学中，适时而恰到好处地介绍文化背景知识，对文化差异现象进行对比分析和讲解，有助于学生更好地理解阅读材料，激发其阅读兴趣。高校英语的阅读材料涵盖了政治、历史、地理、人文、科学以及风俗民情等各方面的知识。这就要求学生不断扩大自己的知识面，平时阅读时自觉形成收集有关英语国家的文化信息并内化为自己的英语方面的能力。在英语阅读课的教学过程中，对阅读材料的背景知识进行恰当介绍，不但可以激发学生的阅读兴趣，还有助于学生正确理解、把握阅读材料，提高英语阅读课堂教学的效率。另外通过播放视频向学生介绍英美等国家的背景知识，使学生吸取知识，提高能力，丰富阅读知识视野。

（二）信息化高校英语阅读教学的创新策略

信息技术在高校英语中的应用，极大地改变了传统英语阅读课的教学模式，提高了英语阅读教学的效率，适应了当代大学生学习的习惯，具有广阔的发展前景。在信息化背景下，高校英语阅读课教学模式要依托信息技术，牢牢把握信息化高校英语阅读课教学的优势，构建线上英语教学模式，改革线下课堂教学模式，在此基础之上，促进线上线下高校英语阅读课教学模式的融合统一。带动教师教学理念和学习观念的转变，提高阅读课教学的师生、生生互动性。

1. 构建线上教学模式

"信息化背景下的高校英语阅读课要构建线上教学模式，为学生提供便捷的在线学习，满足学生对英语阅读课程自主学习的需要。"[①] 在构建线上教学模式上，主要做好以下几个方面。

（1）线上教学网站。依托高校的教务系统，要推出高校英语教学板块，在英语教学板块中要单独设置阅读课教学模块。教师要将英语阅读课所需的课件、文章、视频、图片，以管理员的身份上传至英语阅读课教学模块中，便于学生登录教务系统进行下载。

（2）慕课教学模式。慕课教学模式是在信息技术发展下而催生出来的一种新型线上教学模式。慕课是大规模开放在线课程的意思，区别于传统的英语阅读课堂教学，慕课是面向全国乃至全世界的学习者，慕课的对象可以是高校学生，也可以是社会人员，所以一节慕课往往会受到数千人，乃至数万人的观看。高校要依托现有的慕课平台，录制本校的优质课程，放到慕课网站上，提供给高校学生在线学习。所录制的阅读课程要丰富多样，满

---

① 曹佳. 信息化背景下高校英语阅读课教学模式探析 [J]. 当代旅游, 2019 (4)：205.

足不同爱好的学生需要。慕课教学模式的构建，有助于符合高校学生自由灵活的学习方式，满足学生个性发展的需要。借助慕课网站的在线评价功能，还可以与学生进行互动，接受学生的建议，同时就学生提出的问题进行在线回答。

（3）微课教学模式构建。微课是目前较为成熟的一种线上教学模式，教师根据英语阅读课程的教学目标，将重要的知识点录制成 5 分钟左右的短视频，然后放到高校英语学习网站上，供学生在课前浏览观看，并完成自主学习任务。微课教学模式的应用有助于与线下教学模式相结合，重点解决学生无法解决的问题，从而在提高学生自主学习能力的同时，巩固学生的语法知识与培养学生的跨语言交际能力。

2. 线上线下教学模式相融合

线下教学模式主要是课堂教学中所采用的教学方法，在课堂教学上，教师要转变思想观念，认识到学生才是课堂的主体，课堂教学活动要围绕教学目标展开，充分调动学生参与课堂活动的积极性，激发学生在英语阅读课堂上的学习欲望，使学生在教师的引导下，自主地完成阅读任务，并自行翻阅工具书，解决阅读过程中遇到的生僻单词和语法，并将其积累下来，探究单词和语法知识的用法。目前翻转课堂是一种信息化背景下高效的课堂教学模式，打破了传统阅读课堂为中心的教学模式，教师需将下节课的学习内容和阅读材料，通过互联网上传至 QQ 群、微信群、教务系统，便于学生根据自己的时间做安排。然后将自主学习中遇到的问题记录下来，等到了英语阅读课堂上，学生只需根据自主学习的情况，将疑惑在课堂上提出，并与其他学生进行讨论，探究问题的解决方式和答案。翻转课堂能够充分调动学生学习的积极性，促进学生自主学习或合作学习，使学生在探究中，逻辑思维得到锻炼，同时阅读能力、分析能力均得到相应的锻炼。

在高校英语阅读课堂的教学上，依托信息化技术，要借助信息化技术所衍生出的工具，辅助阅读课堂教学工作的开展。使科技服务于教育，并推动教育的发展。通过对线上线下资源的有效整合，以及选用合适的教学方法，能够切实提高学生的阅读能力、逻辑思维能力和跨文化交际能力。

第四节　信息化时代高校英语写作教学

一、高校英语写作教学的理论认知

（一）整体教学理论

"整体语言教学"（Whole Language Approach）始于 20 世纪 80 年代的美国，最初用于美国中小学教授本族语的语言艺术及阅读教学，它强调语言的整体性，反对把语言肢解成音素、词素、词汇和语法学，强调口语和书面语言之间的互动性及内在联系。之后，研究语言习得的应用语言专家对整体语言教学也做了深入的研究。整体教学中的"整体"，是指在教学中把语言看作一个整体。"整体"教学就是用整体、联系的观点与方法来组织教学，其目的是让学生能够主动、有效、持久地学习，而不是教师在课堂上填充式地直接讲解，或让学生被动地重复课文中或教师讲解中已提出的信息。学生的写作技能和策略是在整体的、真实的语境中发展而来的，各种技能的培养必须渗透到整个课程计划中，这就是整体教学的实质。在高校英语写作教学中的应用主要有：整体教学、分散教学、全面综合教学。

1. 整体教学

整体教学提出了整体统率局部的原则，采用从整体出发，从整体来教局部，教局部不忘整体的教学方法。教师应全面掌握《大学英语写作大纲》中对学生的全部要求，对毕业后学生在写作能力上达到的水平有一个整体的构想，并设计出每一年、每一学期，甚至每一节课在写作方面所要达到的目标。把握整体的过程就是语言输入的过程，目的是让学生初步理解所要学的知识内容，对所要学的知识有一个整体的认识。写作技能的培训可以贯穿英语教学的各个学科。以精读课为例，在读一篇文章讲解分析的同时，教师也要设计本节课结束后，在写作能力的培养上要达到怎样的效果，这样在课文的讲解中有意识强调作者的写作特点和优点，在潜移默化中进行点滴积累，最后达到提高写作的目的。

2. 分散教学

语言的功能和形式依附内容而存在，语言教学从整体出发，教师应将写作所要求的各种技能融于平时的各个教学环节中，语言知识和技能应通过自然的语言环境加以培养，而不应人为地把语言知识和写作技能分开来独立进行培养。分散可以让学生在平时的渐进式学习和积累中掌握全部的写作技巧，在潜移默化中达到水到渠成的效果。具体做法如下。

（1）分散到教材。教师可利用精读、泛读课堂加强学生对词汇的感悟，特别是同义词之间的差异。例如，不宜说 Our teacher is thin.（应用 slim）或 Our teacher is fat.（应用 strong 或 plumpy 等）。通过这样栩栩如生的事例可以让学生明白词汇有抽象与具体、正式与非正式、高雅与通俗、褒扬与贬抑等区别。词汇是语言的建筑材料，写文章总离不开措辞，文章写得好坏与用词有密切关系。在写作时学生犯的通病是该用具体词的地方却用了抽象词。"具体"和"抽象"是相对而言的，教师在授课时应用一些精辟的例句让学生明白在写作中词的意义越具体，越能给读者鲜明印象的道理，并鼓励学生掌握足够的词汇量，这样词汇量大了，才能在写作中左右逢源，随时能用上所需要的词。

（2）分散到时事。语言与人们的生活息息相关，教师可利用当前的一些国内外时事来激发学生要用英语表达的欲望。例如，部分学生可能都会用到 good，nice，happy 这类词，而且频率还会很高，但教师此时给出一些类似 wonderful，fantastic，marvelous，gorgeous 的词汇时，学生自己就会感悟到每个不同的词的使用都会给文章带来不同层次的韵味。教师还可以适当扩展，对所学知识由表层向深层发展，引导学生对时事做出评论，从而掌握议论文的写作格式和要领。

（3）分散到媒体。多媒体计算机和网络通信技术的发展为学生学习提供了理想的认知工具，能有效地促进学生的认知发展。多媒体系统的多种感官刺激更符合人类学习认识规律，体现了学生认识主体的地位，同时还考虑到学生个体差异，改变了传统教学模式。教师可以因势利导，通过媒体让学生了解并掌握一些计算机和网络的术语，并学会电子邮件和函购信笺的写作格式。

（4）分散到学生。整体教学体现出以学生为主导的教学思想，它改变了"教师讲学生听"的教学方式，给学生创造良好的氛围，让学生之间展开讨论，相互学习。学生之间相互检查所写的文章，检查出漏洞，再由学生进行讲解、分析、改错，这种学生与学生之间的学习要比学生向老师学更有深远意义。

总而言之，分散是把要学习的写作能力和技巧分散到每个学期、每一单元、每一节课，把要学习的知识重点和难点分散到各个单元，精讲多练，讲练结合，在每节课的点滴学习中收获写作的全部知识。

3. 全面综合教学

分散讲解完每个知识点后，教师应让学生以归纳的方式及时总结重点内容，归纳写作技巧和各种写作格式，最终在学生的头脑中留下明确的知识，形成完整的印象。全面综合让学生对各个知识点的认识从模糊、凌乱到清晰、完整，这是质的飞跃，同时也符合记忆的心理规律，这一阶段可以用以下三种方法：课文内容的整体再现；词汇句式的综合再现；语法知识的重点再现。以课文内容再现为主导，教师可采用播放录音、复述提纲、图标归纳等手段得以实现，目的在于全面总结，使各语言点、知识点变得系统化、条理化。

4. 实际运用

运用是教学的最终目标，运用也是教学过程的最终体现。写作教学应该贯穿各学科的始末，光学不练永远达不到预期的目标。教师应在授课的一定阶段，结合所讲内容和这一阶段所提示的写作技能布置一些相应的写作练习，让学生在实践中得以巩固。教师可以指导学生写课文摘要或进行缩写、改写，以培养概括能力；给主题句和关键词要求联句成篇；或根据范例模仿作文；教师还可以根据课文内容设计一些具有概括性的话题，让学生讨论，以培养交际能力。因为整体教学的理论是，听、说、读、写的能力是齐头并进的。

（二）语言模因理论

模因论（Memetics）是基于达尔文进化论的观点解释文化进化规律的一种新理论。Meme（模因）一词是英国牛津大学著名动物学家道金斯（Dawkins）在其著作 *The Selfish Gene*（《自私的基因》）一书中杜撰的，他将之定义为"文化传递的单位"。《牛津英语词典》收录该词后将它解释为"文化的基本单位，通过非遗传的方式特别是模仿而得到传递"。模因与基因很相似，基因通过遗传来繁衍，模因则通过模仿进行传播，所以，模因的核心是模仿。作为文化传播单位，模因的表现形式很多。任何能够通过模仿而复制的信息都可以称为模因。从语言角度来看，学语言的过程就是语言模因复制、传播的过程，因为语言本身就是一种模因，任何字、词、段落乃至篇章只要通过模仿得到复制和传播都可以称之为模因。

1. 语言模因的创新

"语言模因作为复制因子，具有保留性、变异性和选择性，即每一个模因既是对以前模因的复制与继承，又会在复制和传播过程中产生一定的变异，在变异中获得发展。"[①] 因此，任何创造性的语言使用都是在模仿的基础上进行的，先模仿而后创新，没有模仿和继承，就谈不上创造和创新。联系到写作，仿写是读写结合的最基本形式。通过仿写能便捷

[①]　李红霞. 大学英语教学研究［M］. 天津：天津科学技术出版社，2017：149.

地获得写作理法，缩短学生探索直接经验的时间，加速语言从理解到运用的过渡。从模因论的角度探讨模仿写作教学，有利于掌握快捷有效的方法，在"模仿"的基础上进行英语写作创新。

2. 语言模因论的传播方式

不管语言模因的形式和内容如何，其复制和传播方式基本上是重复与类推两种。

（1）重复—背诵。重复主要涉及对语言模因的直接套用，背诵是达到这一目的的直接手段。背诵作为传统教学模式一直被我国教育者所沿用。事实上，背诵在写作教学中发挥着重要的作用。背诵能够强化语言输入，加深学生对所学语法知识的理解，提高词汇、句型的记忆效果，增强语言知识的积累，从而使英语语言输出规范得体。

（2）类推—仿写。类推是模因复制与传播的另一种方式，与写作教学结合在一起主要涉及同构类推。即保持原模因整体结构框架不变，替换其中某些内容从而出现新的模因变体或形成模因复合体的现象。在写作教学中类推其实就意味着仿写。仿写合理地运用了模因论"模仿"原则，是提高学生英语写作能力有效的训练方式。仿写常用的一种模因是表现型模因，即语言的形式嵌入不同信息内容而予以复制、传递的模因。仿写通常可以从两个层次进行训练：词句模因和段落篇章模因。

第一，词句模因。词汇是写作的基础，因此，教师应鼓励学生通过模因模仿积累同义异词或通过上下义、反义等关系联想记忆词汇。同义异词可以有效避免行文的单调重复，从而提高文章的表达能力。另外，实用句型模因也是非常重要的仿写训练内容，它可以提高学生的句子写作水平。

第二，段落篇章模因。段落篇章模因训练是模仿已知的段落或篇章结构，根据不同语境，变动原来的语言信息或其中的成分，表达出不同的内容。例如，在理解了某个经典段落后，教师可以详细分析段落的结构，写作手法与技巧的运用，指导学生进行仿写。

3. 对高校英语写作教学的启示

（1）背诵是语言模因的第一要素。背诵的目的在于充分熟悉大量目标语素材，强化语言输入，加强学生对词汇、句型的记忆和语法知识的理解，使英语语言输出规范得体。同时，教师应帮助学生准备一些包含相应模因的材料，使他们在背诵过程中不断复制其语言要素，从而进一步组装并构成个人所需的语料。

（2）针对优秀范文进行分析和仿写。仿写指在写作过程中模仿其他个体的写作行为或既成的规范语句或文章进行学习性写作的训练方式，它是遵循模因论"模仿"原则来提高学生英语写作能力的有效方式。因此，教师要引导学生运用不同的表达方式来陈述自己的观点，首先要求教师分析范文的结构，向学生讲解各种写作的体裁及其语言特色，使他们了解语篇建构由语言、语境要素和写作交际目的等诸多因素构成；其次通过仿写训练，达到提高英语写作能力的目的。

（3）采用联想教学启发学生的多层次思维。在表现型语言模因中，可以让学生产生不同的意义联想，在复制传播过程中可能会出现变异，但意义变异仍是语言模因变异的一种重要方式。因此，引入联想启发法可以促使学生积极地思考问题，开发他们的想象力。

（4）同伴之间的互相模因。互相学习从某种意义上也是互相模因，学生作文的评改讲评就是一个非常好的学习机会。在学生第一次写稿完成后，根据教师的"自我纠错"要点先自己找错，再交到小组里轮流"传阅品评"，然后交给教师，最后环节是课堂讲评。课堂讲评主要是教师找出学生作文中典型的语言错误让他们集体改正及作文评比，被讲评文章要有目的性、针对性和代表性，要兼顾优秀、一般、较差，让学生进行比较，最终修改出好的文章，优秀的作文会放到班级论坛里供同学学习模因。所有活动自始至终都有学生的参与，是写作课的延续。

（三）错误分析理论

错误（error）是语言学习过程中不可避免的现象。在语言学界，有关学习者错误的研究最先出现的是对比分析（contrastive analysis）理论。该理论将目标语（target language）与本族语（native language）进行对比，认为学习者错误是由于本族语的干扰造成的，主张有错必纠。随着认知语言学的发展，对比分析的不足越来越明显了，其中最主要的问题是忽视了学习者在语言学习过程中的主观能动性和许多错误无法通过两种语言的对比来加以解释。错误分析理论改变了对语言学习者错误的传统看法，即错误是需要彻底根除的学习障碍，对第二语言的教学和研究产生了深远的影响。

1. 错误分析及其意义

在教学法中，错误分析法是教学法中常用的一种方法，主要是对于学生在学习中产生的错误进行集中的总结和归纳。在高校英语写作教学中运用错误分析法，整理学生在写作中相对集中的错误点，通过对学生的学习过程的分析，找到学生在学习过程中出现语言错误的原因，从而从根本上认识和纠正学生在学习过程中的偏差。通过对学生产生错误的分析，首先，可以系统和全面地了解学生产生错误的原因，在教学中更好地实现针对性的教学，提高学生的学习效果，减少学生在写作中的错误。其次，通过对错误的分析，可以查找和检验实际教学中出现的问题，从而改进教学方法，提高教学效果。

错误具有三方面意义：第一，教师对学生的语言错误进行系统地分析，可以知道学习者距目标有多远，还需要学习什么内容；第二，学习者的错误能向研究人员提供证据，说明语言学习的方式和采用的策略或程序；第三，错误是学习者不可避免的，出错可以看成学习的手段，用于检验关于正在学习的语言规则的假设。

2. 对高校英语写作教学的启示

（1）改变了对学习者错误的看法。传统观点认为，错误是由于本族语的干扰造成的，需要尽可能地避免和去除。而错误分析理论认为，错误是语言学习中不可避免的现象，对二语学习有着积极的意义。二语习得者的错误其实是他们对目标语进行的尝试和假设，错误的改正就是假设被检验并修改。通过这种不断进行的假设检验，学习者就能逐步克服自身的不足，进而不断向目标语接近，这其实就是二语学习的过程。所以，教师应对学习者的错误有正确的认识，克服教学中的急躁情绪和焦虑心理，认识到错误不仅是语言学习中的正常现象而且有积极的意义。因此，对待错误而应采取宽容的态度，并让学生认识到这一点。教师要鼓励学生多写多练，不要因为害怕出错而总是写简单的句子，而要勇于在写作中锻炼写长句和从句的能力。

（2）区分错误，采取不同的处理方法。对学习者错误的宽容并不意味着一概忽略，因为有些错误如果没有得到及时纠正，其形式就会固定下来并以潜在的方式存在于学习者语言（learner language）中，在多次纠正之后仍然会重新出现，这就是石化（fosslization）现象。石化现象会严重阻碍学生英语水平的进步。因此，教师要重视学生的错误，在批阅时对错误进行分析和归类。对影响句子的单个成分而不影响文章整体的错误可不必过多关注，而对影响句子整体和文章全局的错误，密集程度高的和普遍发生的错误，由于缺乏对文化和英语语言特征的了解而产生的错误等则要有足够的重视。

教师在纠正学生错误时可采取多种形式，为学生提供尽可能多的发现和纠正错误的机会，如自我纠错、同伴纠错、小组纠错等，鼓励学生充分开动脑筋，积极主动地纠正错误，从而加深对错误的印象，避免以后再次出现。对密集程度高的和普遍发生的错误可以采取课堂集中讲解的方式，对个别学生的错误可以课后单独向其指正。但要注意，无论采取何种方式，教师都不能挫伤学生学习英语的兴趣和伤害其自尊心。

（3）重视输出在语言学习中的作用。在语言学习中，听、读属于语言输入，说、写属于语言输出。我国的英语教学中普遍存在的重输入轻输出的模式不利于学习者的语言学习。很多学生能够读懂有一定难度的英语文章，但是写出的英语作文却满是拼写和语法错误，这就是英语教学中轻视语言输出的后果。学习者的错误表示他们对目标语进行的假设，在错误得到改正，即假设得到检验时，学习者才能认识到他们在语言学习中的缺陷，他们语言学习的内在认知才能被激活。而只有在语言输出中，学习者才能对假设进行检验，才能认识到学习者语言与目标语的差距，这种差距的弥补会使学习者语言不断完善并逐步接近目标语。所以，高校英语教学中应重视对学生英语语言输出能力特别是写作能力的培养，并重视反馈的作用。通过对学生写作中的错误进行分析、归类和纠错，使学生发现不足并予以弥补。这样，学习者语言中的各个元素就会不断重组，不断接近目标语，这就是二语习得的过程。

二、高校英语写作教学的目标与特点

（一）高校英语写作教学的目标

1. 基础目标

基础目标是针对大多数非英语专业学生的英语学习基本需求确定的。具体包括：能用英语描述个人经历、观感、情感和发生的事件等；能写常见的应用文；能就一般性话题或提纲以短文的形式展开简短的讨论、解释、说明等；语言结构基本完整，中心思想明确，用词较为恰当，语意连贯；能运用基本的写作技巧。

2. 提高目标

提高目标是针对入学时英语基础较好、英语需求较高的学生确定的。具体包括：能用英语就一般性的主题表达个人观点；能撰写所学专业论文的英文摘要和英语小论文；能描述各种图表；能用英语对未来所从事工作或岗位职能、业务、产品等进行简要的书面介绍；语言表达内容完整，观点明确，条理清楚，语句通顺；能较好地运用常用的书面表达与交流技巧。

3. 发展目标

发展目标是根据学校人才培养计划的特殊需要以及部分学有余力学生的多元需求确定的。具体包括：能以书面英语形式比较自如地表达个人的观点；能就广泛的社会、文化主题写出有一定思想深度的说明文和议论文，就专业话题撰写简短报告或论文，思想表达清楚，内容丰富，文章结构清晰，逻辑性较强；能对从不同来源获得的信息进行归纳，写出大纲、总结或摘要，并重现其中的论述和理由；能以适当的格式和文体撰写商务信函、简讯、备忘录等；能恰当地运用写作技巧。

（二）高校英语写作教学的特点

在高校阶段的英语学习主要包括听、说、读、写四项技能的训练。其中，写作教学与其他技能的学习又有差异。主要体现在以下方面。

1. 写作课是输出和检出结合的过程

学生首先要有一定的信息输入——对体裁、内容都要有一定的了解，同时不论是课后还是课中，学生都应有一定的阅读量，积累了丰富的词汇、句型和语法，才能在写作课上游刃有余。写作课检验了学生平时的知识积累程度，检验了学生对语法的掌握和词汇的运用等。学生如果没有日常的积累，在写作课上的运用就不能灵活自如。

2. 写作课对教师的高标准严要求

写作课是输出和检验的过程。它不仅检验了学生的知识积累，同时也在检验着教师的积累和准备工作。首先，写作课教学要求教师充分准备素材，要让学生有所想、有所写，教师要启发学生思考。如针对题材的思考、针对体裁的思考，以及针对范文和遣词用句的思考等，都需要教师的启发和教导。其次，写作课要求教师具有比较广博的知识。因为写作的内容涉及多个方面，教师除了要有较高的外语水平外，还要对相关内容有所了解。这样才能言之有物，不会离题万里。最后，教师课后要有耐心和责任心。学生写作的水平需要教师的指正才能有所提高，因此课后教师的任务更重。阅读每一个学生的作文，然后给出适当的评语。写作课的成功与否，一方面需要学生自身的努力；另一方面也离不开教师的引导。

3. 写作课是循序渐进的重要过程

写作是一个复杂、循环、创造的过程，是一个不断发掘的过程。它要求写作者进行丰富的联想，发现题材并将其组织成文。要想提高写作水平并不是短时间能够做到的。许多学生平时能够阅读很复杂的文章，却写不出完整的句子。有些学生错误地认为临考前背几篇范文就能在写作方面得高分。要解决根本问题，切实提高自身的写作水平，还需要多阅读、多分析，反复练笔。因为，写作的过程并不是简单地记录所看到或所读到的内容，而是用另一种语言表达自己的思想的过程，其中涉及遣词造句、文章架构以及段落的衔接等方面的问题。因此，写作水平的提高需要较长时间的训练，非一两天或一两周所能促成。

三、信息化时代高校英语写作教学策略

（一）高校英语写作教学的一般策略

1. 教学观念的更新和转变

众所周知，语用性语言能力分为听、说、读、写四大板块，听读属于输入能力，说写属于输出能力。而传统的教学方法更注重输入即听读能力。由此可见，这种模式下培养出来的学生说写能力比较欠缺，因此为了改变这种现状，高校英语教师也做了很多的尝试和努力，但情况并不是让人满意。原因可以归结为两个方面：一是非英语环境。在汉语的环境里，学生没有说英语的语境。二是传统的教学模式和理念导致输入大于输出，这一点可能是长时间的因素造成的。学生刚开始接触英语时，教师就重视输入能力，而忽视输出能力。因此解决问题的办法要从源头抓起。同时，教师也可以在课堂上多创造让学生说的机会，如安排一些情景剧，举行一些英文歌唱比赛等。总而言之，教师要鼓励学生先开口说，刚开始不必纠正学生说时所犯的语法语音错误，因为对学生而言，能够开口说就是一大挑战。

2. 创造更加真实的语言教学环境

高校英语教师应该引进现代技术手段，变通英语教学模式。现代化的教学手段，可以吸引学生的注意力，能够提高教师的课堂教学效率。现代化的教学手段有很多种，如录像、录音、电视、电影、网络以及多媒体课件等。高校英语教师课堂上应该有效地利用这些现代化的教学手段，从而改变传统的一支粉笔、一张黑板的教学工具。同时为了师生更好的交流，还可以设立师生互动平台，提前为学生提供英语课文背景知识及英美文化介绍等等。

3. 高校英语教师队伍建设

近年来很多高校都进行了英语教学改革，随之而来的就是教师的教学任务不断加重，另外较为突出的问题就是师资力量短缺。同时出现的问题是现在的高校英语教师的学历也不能满足和适应现有的教学任务，教师的创新能力低，科研成果少。很多学校都有本科教师教本科学生的情况，面对这种情况，教师自身要有压力感，努力提高专业水平和素养，同时各高校要有提高教师学历的整体规划，加大财力、物力的投入，支持和鼓励教师外出学习和培训，同时还可以采取在岗轮流培训的制度，培养高校英语教师成为自主学习型教师。

4. 课程计划的改革

课程计划，是指在上学期末或本学期初要求每位教师就本学期所教授内容列一个详细的计划，大致内容主要是每周教学进度和内容。很多高校还将课程计划列入教师考核的标准。当然课程计划可以促使教师有计划、有步骤地进行本学期所教内容的讲解，能够保障教学的顺利进行。但是大家也应该看到它的弊端。教学计划虽然规定了教学的进度和内容，但是在某种程度上却制约了教师教学的能动性和创造性。教师会沿着统一的教学步骤采用统一的教学风格把本学期所讲内容按部就班地讲解完，教学效果可想而知，事实上，在统一的教学大纲的指导下，按专业设置来制定教学计划应该是一种比较理想的状态。只要不违反高校英语教学目标，给任课教师适当的自由，让他们根据自己的专业特色制定教学计划。

（二）信息化时代高校英语写作教学的创新策略

1. 从应用模式入手进行信息化授课应用

新环境中的高校英语教学与初、高中英语教学迥然不同，其在学生英语的教与学中更加注重对英语口语及交际能力的培养，侧重培养英语的综合能力，使学生在今后的学习与工作当中能够具有使用英语进行书面以及口头交流的能力。作为依托于多媒体技术而诞生的产物，将课堂中无法呈现的知识点进行归纳和总结，通过简单有趣的视频编辑，播放给学生，让学生能够通过最为直观的方式将原本抽象的知识具象化。除此之外，教师可以利用好微课视频在同类型视频中的共享功能，遇到自己不知道如何呈现的内容时，及时汲取他人的想法，不断地对自己的视频进行改进，不断地丰富内容、加强效果，呈现给学生最为完善的微课内容。

2. 对预习复习的应用

除了对重点和难点问题的解读之外，微课的另一大作用就是帮助学生进行课前的预习与课后的复习。现如今的高校英语写作教学内容庞杂，知识量巨大，但是英语写作的课时却是有限的，为了在有限的课时之内将知识点讲完，教师需要将每一堂英语写作都安排上许多的教学任务，但与此同时，大部分的学生不会在课前对即将学习的内容进行预习，也不会在课后针对重点和难点问题进行更深层次的复习，这就使得英语写作教学的整体效率不高，甚至出现有许多学生跟不上正常的教学进度的现象。教师可以利用微课的方式，将即将学习课程的相关资料提前发给学生，让学生在真正上课之前就知道这堂课要讲什么、其含义是什么，这样一来，学生可以带着问题学习，不仅可以调动起他们的好奇心，还能够更加顺利地进行接下来的课堂教学工作。教师还可以针对课上出现的一些重点和难点制作成总结型的微课，发送给学生，作为学生课后复习的重要资料与参考。

3. 对教学内容及模式的选择

微课的时间限制要求教师必须严格对微课中所呈现的内容进行把关，一定要针对教学中的重点和难点问题进行解读，并且一个微课所包含的主题应当尽量的简洁。比如说，在一个微课中，教师只就书信体的英语写作格式进行讲解，这样才能取得较为理想的教学效果。

教师应尽可能自然和快速地将主题导入进来，高效利用时间，争取在最短的时间之内将一个知识点讲通、讲透。多模态的教学模式是灵活性和使用性最强的教学模式。教师切记要注意信息化授课整体的统一性和逻辑性，各种教学资源都需要围绕着同一个主题进行选择。

第四章 信息化时代高校英语教学模式构建

第一节 高校英语教学模式及其改革

一、高校英语教学模式

（一）网络教学模式

1. 网络教学模式的因素

网络教学模式，其内涵主要涉及教学思想和教学理论、计算机网络技术、外语教学目标、外语教学资源、教学活动结构框架和教学方式这五大层面。

（1）教学思想和教学理论。任何教学模式都是建立在一定教学理论和教学思想基础上的，同样教学理论和教学思想也是网络多媒体教学模式的灵魂和基石。基于网络多媒体的外语教学模式需要依据一些教学理论和教学思想，这些理论和思想可以从两个层次分析：一是宏观层次；二是中观层次。"宏观层次主要是建立在哲学思想的教育学理论上，其主要内涵覆盖了教育心理学、教育学、教育技术学、学科教学论等；中观层次是基于外语教学的各种教学法，其主要内涵覆盖了语法翻译法、听说法、任务法、交际法等，而各种教学法的背后也离不开理论的指导。"①

（2）计算机网络技术。网络多媒体的英语教学模式与传统教学模式相比，其最大的优点在于计算机网络技术的参与。由于信息技术的发展，外语教学中的师生交流方式、信息呈现方式等都发生了重大改变，且人们已经形成了一个共识：网络多媒体技术需要教师的

---

① 吕文丽，庞志芬，赵欣敏. 信息化时代下的大学英语教学改革探索 [M]. 长春：吉林大学出版社，2018：58.

辅助，即教师需要对学生进行督导、监控及情感层面的支持。就外语教学层面而言，最为合理的方向是充分发挥计算机网络技术在多媒体信息呈现、信息查询、网络交流等方面的优势，辅助教师完成教学，减轻教学压力，也让教师有更多的精力和时间对存在差异的学习者进行情感交流和个别监督，解决他们的问题。网络多媒体与教师都有其自身的优势，因此在外语教学中应该将二者的优势都充分发挥出来，使学习者能够从低阶语言能力转向高阶语言能力。计算机网络技术在外语教学中的工具作用如下。

1）知识演示与传输工具。计算机具有明显的多媒体特征，其在外语教学信息的呈现中也具有明显的优势，可以通过文字、图像、图片、声音、视频、动画等多种方式传递。目前，外语教学也多提倡使用网络多媒体教学，目的是能够为学习者提供更多刺激感官的信息接收形式，从而促进学习者的记忆和理解，同时还能够增强教与学的趣味性。

2）交流工具。当前，网络已经成了一种普遍的交流工具，在外语教学中也普遍运用。基于网络的外语教学交流工具有很多，如 BBS、E-mail 等，这些都为教师、学习者提供了便利。

3）个别辅导工具。人机交互式网络多媒体作为个别辅导工具所具有的特色，主要体现在各种交互类的外语学习课件中。目前，计算机网络技术作为个别辅导工具主要具有个别指导、操练和练习、学习监测和反馈等特点。

4）教学信息记录工具。计算机网络可以将教师与学习者的各种与教、学相关的信息记录下来，这些信息可以为评价教师的教学行为、分析学习者的学习情况和进度、帮助教师和学习者进行反思等提供数据。

5）学习情境创设工具。计算机网络技术可以为学习者创造真实的学习情境，通过逼真的语言环境，可以促使学习者进行探究和思考。

6）教学管理工具。随着计算机网络技术在教学领域的应用更加广泛，计算机管理教学也应运而生。一般而言，就是运用计算机网络技术来帮助学校和教师进行教学管理。

7）教学资源储存工具。计算机具有强大而便利的储存工具，逐渐成了外语教学资源的储存仓库，储存的内容包含课程教学课件、师生电子档案、电子教案、文献资料、多媒体语料库等。

8）学习认知辅助工具。为了提高学习者网上学习的效率，网络查询引擎、在线电子词典、电子笔记本等被开发出来，这些都是计算机网络技术的学习认知辅助工具，从而不断提升学习者的学习效率和效果。

（3）外语教学目标。任何学科教学都离不开教学目标，基于网络多媒体的高校英语教学也不例外。教学对象不同，确定的教学任务、教学目标也不一样，其选用的教学模式也必然会不同。例如，对于听力教学而言，以提高学习者理解和记忆能力的教学目标适用于采用人机交互型教学模式；如果教学目标是让学习者掌握知识，那么教师可以采用以传递为主的教学模式；如果教学目标是培养学习者的思维和运用能力，那么网络写作项目、网络英语角等人机互动教学模式更为符合。当然，采取什么样的教学模式并不仅仅依靠教学目标，还涉及教学任务、教学内容、教学环境、教学对象等因素。

（4）外语教学资源。基于网络多媒体的英语教学的教学资源主要是以文本、音频、图片、视频、动画等形式呈现的数字化教与学的支持内容，是辅助教师展开教学的直接工具，也是学习者获取知识的直接途径，这些也构成了基于网络多媒体的英语教学模式的核心要素。无论是怎样的形式，教学资源本身的难度、选材等都应该从学习者的实际情况出发。与传统的纸质教学资源相比，基于网络多媒体的英语教学资源更易于共享、易于更新，且能够海量存储。

（5）教学活动结构框架和教学方式。在宏观与中观教学思想、理论的指导下，需要将教师、学生、网络多媒体技术、教学资源等融合起来，形成具体的教与学的干预措施，包含教学内容的顺序、学习内容的组织、媒体呈现的设计、教与学的安排与设计等，这些都属于教学活动结构框架和教学方式的内容。

2. 网络教学模式的分类

（1）网络自主探索模式。网络自主探索模式的一般构成要素是：学习者个人、任务/问题、参考资源和教学指导者。在网络自主探索模式中，学习的主要目标是提升学生的语言应用能力，一般以完成某一具体完整的语言任务或针对某些问题阐明自己的观点作为学习的主要内容，如翻译某段文学作品或独立观看某段原版影片后写出影评等。在整个学习过程中学生会得到必要的提示和指引，学生自己可以参阅网络资源或图书列表；同时，教师会通过电子邮件、论坛等交流工具检查并督促学习者的进度，指导学生解决遇到的问题，并给予必要的评价和总结。

（2）网络自主接受模式。网络自主接受模式的一般构成要素是：学习者个体、学习内容和学习指导者。其中，学习内容指网络课件，即通过网络传输的、由计算机作为媒介呈现的图文声像等语言材料内容；学习指导者指计算机和教师。网络自主接受模式所传递的内容主要是客观类的知识和技能，训练主要以选择、填空、拖动配对等具有明确答案的形式为主。通过设定计算机的识别和反馈程序，可以自动批改和矫正学习者的错误并提供解答。另外，还可以设定计算机程序使之自动探测学习者的学习背景和学习风格等，然后提供适合的学习材料和学习路径等，计算机相当于智能导师。而对于学习者在学习过程中遇到的各种问题，尤其是一些个性化的难题，以及人际情感沟通方面的需要，则需要教师通过网络交流工具如学习论坛来帮助学习者解决问题。

（3）网络集体传递模式。网络集体传递模式的一般构成要素是：学习者群体、学习资源和教学指导者。网络集体传递模式一般有以下两种教学过程。

1）完全虚拟的网络课堂。教师和学生群体在同一时间登录特定的网络"班级"，教师讲解新课学习内容，组织练习、讨论等学习活动，解答学生的提问，给予必要的反馈指导。

2）自学加集体指导型。学生选择自己方便的时间自主观看教师布置的学习资源，图文声像等呈现的多媒体课件，然后在同一时间教师通过网络实时教学系统为学生提供集体指导、讲解和答疑。

（4）网络综合教学模式。网络综合教学模式融合了网络自主接收模式和网络自主探索模式的部分教学手段，在实际的网络外语教学中，根据师资、教学目标以及技术开发水平等条件，往往综合应用不同模式的各种教学手段。例如，高校英语综合教程某一单元的网上教学过程是：学生自主观看该单元的网络课件，完成网上的填空、选择、拖动配对等练习并得到计算机的自动批改反馈，如果该学生已经达到本单元客观知识技能的基本要求，则会进入本单元的自主探索部分，研读一份额外的主题材料并完成评述报告，在研读和写作的过程中教师会通过电子邮件/学习论坛等方式给学生必要的引导和提示。在设计和确定教学模式时，应该综合考虑教学目标、师资力量、学习者的学习风格等各种因素，选择应用合理的教学活动，采用综合的网络教学模式。需要注意的是，这一模式的划分方法与其他分类方式并不矛盾，只是参考的角度不同。

（5）网络协作探究模式。网络写作探究教学模式的宗旨就是构建一个虚拟的真实任务情境，帮助学习者在这个情境中通过使用目标语言来提高外语水平，一般构成要素为以下方面。

1）学习者小组。学习者扮演的角色是进行小组自主分工、制定协作计划、定期自查、完成计划、总结发言并提交作品。

2）任务/项目。这是网络协作探究模式的核心要素，主要教学理念是让学习者通过使用目标语言合作完成较为复杂的项目或任务，提高自身的语言综合应用能力和团队协作能力，其中项目或任务往往是与社会生活或工作紧密相关的，比如策划一个产品的销售方案。

3）教学指导者。这里的教学指导者即教师。在项目或任务的完成过程中教师给予必要的引导，比如，协助小组进行分工、提供可能的资源索引、对语言应用的错误给予必要矫正、协调可能出现的矛盾、督促进度、组织评估等。

需要注意的是，任务/项目的选择视学习者的兴趣和语言程度而定，如果学习者小组的语言应用水平比较低，那么在设计任务、项目时也要与学习者的语言能力水平相适应。

（二）情感教学模式

英语情感教学，是指充分发挥情感在英语教学中的功能，优化学生的态度、体验、情感等，合理对待教学过程中认知与情感的关系，从而提高英语学习效果，实现教学目标。简言之，它既是通过情感进行英语教学，也是为了发展情感进行英语教学。英语情感教学是一种教学模式，也是一种教学手段，还是一种教学目标。

1. 情感教学模式的构成因素

英语教学中存在的情感因素有教师、教材和学生，并使情感教学成为可能。

（1）教师的情感因素。教师是教学的组织者，其具有稳定的高级情感，是英语教学中最重要的情感源点。教师的情感因素有三个来源：第一，主导的情绪状态。主导的情绪状态是教师在教学活动中的情绪基调，受人格特质和自我修养的影响。第二，对教育和教学工作的情感。教书育人的事业，关系到社会的进步，需要教师投入足够的情感。第三，对学生的情感。教学是师生之间的交往，这就要求教师对自己的教学对象满怀爱心和情感。

（2）教材的情感因素。教材是呈现人类认识世界和改造世界的成果的文本，满足社会的需求，是教育者的意志的体现。教材中的情感因素有显性和隐性两个方面。显性情感因素是指教材中通过语言、图片等直接表现的情感，如艺术类教材中的歌曲、舞蹈、绘画、雕塑、摄影等作品；隐性情感因素是指在反映客观事实的过程中附带的情感。例如，作者在记叙历史时，难免带有个人的主观情感。

（3）学生的情感因素。学生作为一个情感源点，在教学活动中更多的是接受外界的情感刺激，并形成内部情感。学生的情感包括：第一，主导的情绪状态，是学生在教学中的情绪基调；第二，对学习活动的情感，是学生对学习表现出的态度；第三，对教师的情感，主要包括尊重、敬爱、畏惧、对抗等。

2. 情感教学模式的基本要素

英语情感教学模式是揭示英语教学过程中与情感因素有关的结构和程序，它只是单独从情感维度来理解英语教学过程，具体包含以下四个基本要素。

（1）诱发。诱发是指激发学生对学习内容的兴趣，以此来使学生积极地参与当前的认知活动。英语教师是在规定的时间、地点，依照规定的教学程序、进度，传递规定的英语知识。这一系列的"规定"让英语教学活动变成一种固定的操作程序，无法迎合学生当时的实际需要。学生拥有求知需要时，其求知需要的具体内容应与特定的教学内容相关。英语教学中存在英语教学活动与学生当时的具体需要不符合的现象，因此英语教师应使教学成为学生学习的诱因，激发学习动机，使学生走在主动学习的路上。

（2）陶冶。陶冶是指培养学生高尚的情感以及良好的人格。教材蕴含丰富的情感现象，具体可分为四种类型：第一，显性情感因素，即通过语言文字等直观形象材料等使人能直接感受到的情感因素，艺术、语文、英语等教材中较为多见；第二，隐性情感因素，指在反映客观事实的过程中使人感受到的情感因素，史地类教材中较为多见；第三，悟性情感因素，是本身不含显性或隐性情感因素，但是具有引起情感的某种因素，理科类教材中较为多见；第四，中性情感因素，是目前的认识水平无法体会到的情感因素，仅限于理科教材中，但教师可以通过情感教学策略使学生感受到情感。

（3）调控。调控是使学生的情绪始终处于有利于学习活动的状态。情绪在很大程度上决定着身体的成长、智力的发展和情感的培养。但是，持续的、愉快轻松的情绪状态不一定最有利于学习。例如，焦虑对中等以上学习成绩的学生而言，能提高认知活动的效率，强度过大的焦虑使中等以下成绩的学生削弱创造力。一般而言，强度适中的情绪状态能为认知活动提供最好的动力。

（4）激励。激励是指在学习过程中，不断增强学生的自信心，激发学生的动力。随着学习任务的加重、学习难度的加大、学习挫折的积累，学生需要补充学习动力。教学评价就是一种情感激励手段，并且它还是学生获得学习反馈的主要形式。教师对学生多进行肯定、鼓励，同伴们对彼此多给予支持、赞赏，会使学生产生良好的激励效果。情绪对人的学习行为具有强化作用，积极愉悦的情绪有助于学生调动积极性，提高创造力，养成良好的情感品质和能力。教师要创设条件让学生体验成功，并利用好强化这一手段。

（三）分级教学模式

1. 分级教学模式的理论分析

（1）迁移理论。迁移在心理学上是指旧知识、技能影响新知识学习的一种过程。按照产生的结果是积极还是消极，迁移可区分为正迁移和负迁移，正迁移是积极的，负迁移是消极的。

语言迁移是指一种语言对另一种语言的学习所产生的影响。语言迁移是一个认知心理过程，受诸多因素影响。语言迁移分为两种，包括母语对第二语言习得的影响，为"基础迁移"；母语向第二语言的借用，为"借用迁移"。成人使用母语的时间太长以至形成了根深蒂固的母语习惯，在一定程度上会影响第二语言的学习。语言迁移在多数时候研究的都是母语对外语学习或第二语言习得的影响，这时候的语言迁移一般指的是母语迁移。在第二语言习得过程中，与母语接近的地方较容易学习，与母语有区别的地方较难学习。当外语和母语的相似度比较大时，就容易引起正迁移。通过对比分析跨语言的差异，人们就可以确定第二语言习得的困难。第二语言习得的困难不总是源于跨语言差异，而且母语在第二语言习得中的作用重新受到重视。

（2）监察理论。20世纪70年代末，美国语言学家克拉申提出了监察理论，该理论被认为是二语习得研究中最全面的理论。克拉申认为，人的大脑有两个独立的语言系统，分别是有意识的监察系统和潜意识的监察系统，这个理论具有以下五方面假说。

1）习得与学习假说。习得—学习假说是这五种假说里面最基本的假说，它的核心在于对"习得"和"学得"的区分，以及对它们第二语言能力形成过程中所起的作用的认识。

2）监控假说。监控假说认为，人的大脑中有两个独立的语言系统：有意识的监控系统和潜意识的监控系统。监控系统是一种"意识到的语法"。在语言学习过程中，监控系统一旦发生作用，就会具有编辑控制的功能，它使语言使用者更加关注语言形式的运用而不是语言内容的表达。这一理论体现在语言习得与语言学得的内在关系上。

3）输入假说。输入假说是克拉申二语习得理论的核心内容。他指出"可理解的语言输入"是语言习得的必要条件，输入材料本身和输入的方式会影响情感过滤的结果和输出的质量。他还认为，在第二语言学习的过程中，需要让学习者理解输入语言超过其现有的语言水平，语言习得才可能发生。学习者通过情境提示的帮助而去理解这些语言，产生语言的能力会自然形成，并不需要教师的传授。

4）情感过滤假说。情感过滤假说认为，大量适合输入的环境并不能保证学习者可以学好目的语，情感因素也会对第二语言习得的进程产生诸多影响。通过情感过滤，语言输入才有可能变成语言"吸入"。在语言进入到大脑的语言习得器官的过程中，输入的语言信息必须经过过滤这一道关卡。因此说明，情感因素在第二语言习得的过程中可以有着积极或消极的影响，起到促进或阻碍的作用。

5）自然顺序假说。根据自然顺序假说的基本观点，学习者遵循一定顺序去习得语言结构知识，并且该顺序可以被预测。有些学习者对某些语法结构掌握得较早，而对其他的语法结构则会掌握得较晚。不是每一个学习者都有完全相同的习得顺序，然而这种顺序可能具有某些类似的地方。当儿童和成人同时学习第二语言时，他们都是先了解现在时再学习过去时，先掌握名词复数再掌握名词所有格。如果将习得某种语言能力作为学习目标，教学大纲不一定要受这种顺序的制约。"自然顺序假说"重新明确了第一语言和第二语言学习的关系。一般情况下，第一语言通常被认为是学习第二语言的一大障碍，事实上并非如此。第二语言和第一语言可能有许多相同的规律，其语法顺序并不总是受第一语言干扰。中文和英文在语言功能上是相同的，在某些语言表达方式上也有共同之处。在课堂上教师有时需要借助母语以便使学生更快且准确地理解英语，但不是把语法结构进行简单排序。

2. 分级教学模式的实施过程

（1）科学的分级。级别设置的科学性是分级教学能否实现教学效果的前提和关键。在实施分级时，要遵循个人意愿与统一考核分级相结合、实际水平与考试结果相结合的原则。此外，需要有科学的分级试题和分级标准。就学生的基础能力和发展潜力来看，可以将学生分为三个级别，即初级、中级、高级，具体要求如下。

1）初级班学生的语音和语法等基础知识都不太扎实，教学时应放慢进度，强化学生对基础知识的掌握。

2）中级班学生的英语水平一般，但往往对英语听说感到畏惧，处于这个级别的学生数量最多，可以按照正常进度教学，并使他们在英语四级考试中取得好的成绩。

3）高级班学生的英语水平普遍较高，具备一定的听说和读写技能，但是听说能力还需要加强，教师应尽量使他们通过英语六级考试，并取得较好的成绩。

（2）保持分级教学的区分度。在分级考试中，有些学生可能因为一分之差没有进入高级班，这并不能直接表示英语水平的高低。因此，分级考试的界限就显得不客观、不灵活。为了提高区分度，可以让学生自己参与分级，实行双向选择。学生最清楚自己的英语水平和学习兴趣，他们由被动选班变为自主择级，必然能增强学习英语的积极性和自觉性。具体方法要参考高考和摸底测试的成绩，同时公布各个级别的不同起点、听说读写各方面的学习要求和最终目标，学生可以根据自己的学习兴趣申请对应级别，最终由学校审定。

（3）落实分级教学的升降机制。分级教学要采用灵活的升降调整机制，指通过考核和征求意见的手段在一定范围内定期调整学生的级别，使学生所受的教育和当前的状态相匹配，因为高级班和初级班的教学进度和教学形式有很大差别。对于进步的学生安排升级，不仅能提高学生的积极性，还能为其他学生树立榜样；对于退步的学生要安排降档，刺激退步的学生重新调整学习策略，以便取得更大的进步。也可以只在初级班和中级班之间实施升降机制，初级班和中级班统一教材、统一进度，定好升降级的比例或名额，一定周期进行一次微调，不仅做到了不同级别之间的良好衔接，而且科学合理。

（4）完善分级教学的评价机制。在分级考试中，各级别的学生一般采用不同难度的试卷，这就可能会出现一个现象，即高级班学生的英语成绩低于部分中级班或初级班学生。为了有效解决这一问题，需要完善分级教学的评价机制，可以尝试增加平时表现在总评成绩中的比重，注重过程性评价，利用形成性评价与总结性评价相结合的方式来确定最终成绩。此外，还可以根据各级别试卷的难度引入加权算法，设定科学的系数，整体调整高级班或者初级班学生的分数。

二、高校英语教学模式改革

为推动高校英语教学的发展，提升学生语言，训练学生思维，拓宽学生视野，增添学生智慧。在信息化教学形势下，高校应积极举办丰富多彩的英语演讲大赛，对于培养大学生的语言能力、思维能力和文化素质有着巨大的推动作用，同时也推动高校英语教学的改革，促进教师与学生共同的发展。

（一）高校英语课程改革

1. 重点关注课程改革

近年来，在高校教育课程改革进程中，强调对专业学生的专业能力、方法能力和社会能力的培养。在课程教学改革的具体做法上，应该实现从基于知识存储的学科体系，走向基于知识应用的行动体系；从基于做加法求得整体，走向做整体把握局部；从基于显性的技能和知识的习得，走向稳性的能力内化与升华。

2. 提前做好教育规划

教师在英语学习过程中要帮助大学生及时发现并确认自己的优势与不足，从而提早为自己的未来做出规划，为实现规划而努力奋斗，这种"以人为本"的高校英语教学理念应该建立在社会现实的基础之上。高校应在保留过去一些有益的教育内容与方式的同时，赋予高校英语课程以时代的特征，为大学生展现未来世界的斑斓与多彩，为课程的改革与发展和人才的培养发挥积极的作用。

（二）建构学习发展机制

人的认识本质是主体的建构过程，以学生为中心的高效英语教学模式可以有效地发挥大学生的主体作用，促进大学生主动地构建知识。将"以人为本"的现代教育理念融入高校教学之中，使学生成为认识、学习与发展的主体，为学生创造出有利于发挥其主体作用的教育氛围。

将"探究性学习"引入高校英语课堂中，将过去被动的模式、由概念到规律的学习方法转变为学生自己从事实中探究并理解英语中概念与规律的形式。"探究性学习"与以往的英语教学方式相比较，具有其灵活性与开放性的优点。而这种灵活性与开放性则有利于学生发挥主观能动性，有利于开发学生的创新性思维，激发学生以积极的行为与创新的思维直接参与到"教"与"学"的互动之中。学生心理与情感上的积极参与，使英语课堂焕发出勃勃生机，积极向上的学习动机又有效地提高了教学效率。

在"探究性学习"中，教师还应该考虑高校英语教学目标与计划，并根据具体情况及时调整认知情况与情感氛围，使师生之间、生生之间的关系更加融洽，使学习氛围更加和谐、活泼、愉快、轻松。在这样的学习氛围中，教师可以用情感与表达加以正确的引导，并鼓励学生积极参与，让学生在英语互动轻松的教与学之中，深刻理解语篇中的词汇、短语与英文中深层次的文化。

教师要为学生创设更多的语言交流的机会，培养学生学习英语的决心与信心，减轻学生学习过程中因心理压力而产生的焦虑，切实可行地提高大学生的实际运用能力。

（三）重视教学效果

高校英语教学已从简单的知识传授转变为提高口语交际能力，教师要把英语教学的重点放在提高学生的应用能力上，而不应该是单纯的语言学习教学。信息化环境下，高校英语教学要注重培养大学生的口语交际能力与实际应用能力，教师要为学生创造更多的语言交际环境，充分调动学生学习的积极性，不断提高学生的听、说、读、写、译能力，消除学生与人面对面口语交流的心理障碍，深刻地挖掘学生英语学习的潜能。

在高校英语的教学中，教师要注重语言的语法与实际运用相结合，指导学生放弃传统的英语学习方法，注重听、说、读、写、译的全面发展。教师还可以充分发挥录像、录音与线上教学课件等方面的优势，以直观性与形象性的优势为学生展现各种英语语言环境，创造一切有利条件，寻找切实可行的教学策略，达到高效的教学成果。

（四）落实英语精品课程建设

以精品课程建设为依据，开展高校英语教学建设是可行的方法之一。通过精品课程建设可以促进高校英语课程体系与英语教学内容的优化改革。在英语精品课程中应注重教学与科研相结合，还要融合英语学科前沿的研究动态与知识发展；要科学发展与丰富多彩同步并举；要拥有有特色的自编教材，还要拥有现代信息技术的高校英语教学课件；要依托高水平的名师做高校英语精品课程的负责人，还要培养年轻的教师成为今后的高校英语教学名师。

高校英语精品课程建设的完善与共享有利于教师之间的相互学习与提高，也有利于广大学生享受高水平的优质高校英语教学资源，从而在大范围内提高学生英语学习的效率与质量。

总而言之，在高校英语人才培养的模式上，要坚持英语建设与其人才培养相协调；坚持课堂教学与实践学习相结合，重点培养学生的实际工作能力与英语交际能力；坚持课内教学与课外英语活动相结合的原则，深入贯彻"以学生为中心"的教学方针，探索出更多、更好的教学方法，重点培养大学生英语的综合应用能力，特别是听、说、读、写、译能力。

第二节　高校英语教学生态模式的构建

教学生态模式是以生态哲学、教育生态学及生态语言学为理论基础的综合性教学模式。生态哲学以整体、全面、立体及动态的目光对待自然、生命及万事万物，认为自然世界具有整体性，将人和人类社会，乃至人类的每一个生存行为视为生态生命整体，弘扬生态学的整体性和整体观，为拓展人类整体思维模式奠定坚实的基础，引领学科合作的共赢发展。构建高校英语教学生态模式主要涉及以下方面。

一、设定合理的生态教学目标

课堂教学往往被看作一个生态系统。教学目标的选定涉及语言知识目标、学生发展目标及整体教育目标。语言知识目标的制定会直接影响学生的语言能力。在高校英语教学生态模式的构建过程中，初级阶段的通识课程可以以掌握语言规则为主，如语音、语法、语义、语用等基础知识，教师应在课堂教学中积极引导学生掌握基本的语言规则，通过反复操练，强化其对基础知识的掌握；中高级阶段的通识教育可以融入文化知识和专业知识，教师可以根据学生的特点、认知能力和认知水平，融入其他国家的风土人情、历史地理、文化及价值观等。

语言知识与文化知识在生态教学模式的构建过程中同等重要，在设定教学目标的过程中，不能忽视其重要性。教师可以采用多媒体教学手段，通过影片的导入、自身的经历向学生介绍各国的文化及不同文化间的差异，通过不同文化的输入，培养学生对文化的敏感性，提高其跨文化交际的能力和多元文化意识。制定教学目标还应将整体教育培养目标融入其中，注重学生的"全能"发展。高校英语教学生态模式强调语言知识与技能的结合、教学过程与效果的结合、教学目标与非教学目标的结合，只有将三者相结合，才能保证学生在习得过程中体验语言及使用，有利于其潜能的开发及全面发展。

二、选择适宜的生态教学内容

教学内容的选择主要涉及教师与学生对课程内容、教材内容及教学实际进行的综合性加工。英语教学生态模式中的教学内容主要涉及语言知识的选取、文化知识的传输及生成意义的全面发展等内容。对此而言，教师可以合理利用教材，对教材内容进行选择、取舍，同时科学地加工教材，合理地组织教学过程，通过整合教材内容，结合网络资源，采用多元化、趣味性的教学方式，引导学生了解、习得和吸收语言知识。

英语语言知识的选择是一个融合自然科学与人文社会科学的过程，在这个过程中，应注意各个要素之间的相互关联和相互作用。在构建高校英语教学生态模式时，教师应以生态语言学为基础，结合教育观，正确处理外国文化与本土文化的结合点，巧妙地将中西方文化结合起来，丰富学生的文化知识，让学生了解二者之间的相似性和差异性。

三、采用多样化的生态教学方法

高校英语教学生态模式在教学方法的选取上需要体现出其灵活性、切实性和开放性的特点。

1. 转换角色

生态教学涉及教师讲授、师生互动、师生共同反馈等阶段。在构建高校英语教学生态模式的过程中，教师要摒弃"以教师为中心"的教学行为，在动态、灵活的教学中，将学生视为平等的生态因子，从个体出发，培养其主动性、灵活性和创造性。高校英语课堂教学生态活动是师生共同参与、交流的过程，是各类教学因子共同作用的过程。在这个过程中，教师是引导者、组织者和促进者，而学生则是教学活动的参与者、探索者。教师为学生创设不同的教学场景，从而激发学生自主探索的思维能力，为其提供良好的自主学习平台，以激发其参与课堂交际的意识，引导其参与整个教学活动。

2. 输入文化

语言是文化的载体，是文化的主要表现形式。文化的输入需要在课堂内、外进行，让学生在实际环境中吸收文化知识。教师可以设定不同的场景，让学生通过角色扮演激发学习兴趣，拓展文化视野，提高跨文化交际的意识和能力。

3. 借助资源

教师可以借助丰富的网络资源，通过电影、歌曲、图片等营造轻松、愉悦的学习氛围，利用网络学习平台培养学生学习的自主性，潜移默化地提高学生学习语言的水平和能力。需要强调的是，在多媒体信息技术被广泛运用的信息化时代背景下，教师还应与学生积极交流、互动，建立师生间的平衡生态关系，让学生充分、合理地利用网络资源。因此，生态化课堂是教师创设情境、提供信息资料和情感交流的过程。学生充分利用现代信息技术，通过浏览网页、与本族语者在线交流等方式养成良好的学习习惯。教师可以选取不同的学习软件或在线平台，为不同水平的学生布置不同的任务，以培养其学习兴趣，同时教师通过网络答疑等手段建立学生学习档案，及时获得信息反馈，从而构建和谐的生态语言教学环境。

四、构建科学的生态教学评价机制

课程评价对于教学改革起着重要的导向作用和质量监控作用，也是教学改革的关键，通过不同的评价内容，教师能够及时掌握学生的学习动向及设定与选取合适的课程目标、内容。信息化时代下的生态化课堂教学的评估模式强调学生的学习过程，指出通过考核学生的态度、动机、课堂表现、课外学习等给予其最终的评价。在构建高校英语教学生态模式过程中，教师应适当摒弃传统评价机制，将形成性评价和综合性评价有机结合起来，全面、客观地评价学生的学习过程和效果，不以分数判定学生的学习态度、目的和动机，建构师生互动、和谐融洽的学习气氛，从而有效地调动学生学习的积极性，促使其更好地融入课堂教学活动，进一步促进师生间的和谐共处及语言教学发展的平衡。

此外，课程评价应涵盖课程体系的各个环节，教师应综合运用各种评价手段，处理好内部评价和外部评价、形成性评价与终结性评价之间的关系，实现从传统的"对课程结果的终结性评价"向"促进课程发展的形成性评价"的转变。

综上所述，在高校英语教学生态模式的构建过程中，教师、学生及环境之间的联系密不可分。教师自身的语言水平、教学水平、教学方法等起着非常重要的作用，会直接影响学生的学习效果；学生作为整个生态模式的核心因子，是教学效果的直接反馈；环境是一个笼统的概念，涉及社会环境和规范环境两类，学习者与环境之间的互动表现为学习者积极主动地构建有助于提高学习能力的环境。生态教学目标的制定、教学内容的选择、教学方法和手段的选取、教学评价机制的构建等都是生态教学内容改革的重要环节。因此，以教育生态学为研究视角，以学生为本源，构建教师、学生、课堂环境三位一体的新型生态课堂，符合当前语言教学、发展的规律，能够促进语言教学与环境的可持续发展，有助于推动我国高校外语教育事业向生态化方向发展。

第三节　高校英语任务型教学模式的构建

一、任务型教学模式的优势

第一，教学目标清晰。任务型教学法可以高效地引导学生完成基本的学习内容，如语法知识、阅读技巧等。更重要的是，明确的教学目标可以提高学生的自主学习能力，充分调动学生的学习积极性，而且也从教与学的互动角度提高了教师讲授的积极性，提升了教师实践教学能力，为科研工作提供了可靠的实践经验，以学促教，以教促研。

第二，激发学习灵感。教师可跨越多个知识领域、运用多种研究方法设定课堂任务，使学生的学习兴趣得到调动，从而激发他们创造性地完成既定目标，达到良好的教学效果。首先，这会使学生在语言习得的过程中得到更多的学习体验，例如，查阅资料、走访调研、互助合作、发挥想象力等；其次，这也帮助他们提高了对语言的综合运用能力，如演讲、辩论、朗诵、写作等。

第三，增加实践机会。英语教学是一门实践课，把英语当作纯知识去讲授是不可行的，任务型教学法要求教学要"以学生为中心"，学生是教学活动的主体。外语学习的效果在很大程度上取决于学生的主观能动性和积极参与性。要将新知识和已有知识相结合，要将语言技能从理论形态转换为实践形态，都必须通过学生自身的实践活动。从某种意义上说，任务型教学法提倡的"以学生为中心"把学生从被动推向了主动，使学生从消极变为积极，使课堂从沉闷变为活跃，使教师从演员变成了导演。

第四，培养情感性格。在执行任务的过程中，每个学生都要承担一定的责任，并且组员之间需要相互协作，组与组之间也要进行比赛活动，这有助于培养学生的协作精神和集体荣誉感，有助于形成良好的性格和情感。学生能体会到成就，感受到成功，从而有助于激发学习积极性。同时，学生也能在团队中感到自己的不足，从而有助于激发他们自我完善的欲望，启动不断学习的内在动力。

二、高校英语任务型教学模式的改革

（一）高校英语任务型教学模式改革的理论认知

中华人民共和国教育部制定的《大学英语课程教学要求》中指出，最新的大学英语教学模式应体现语言教学的实用性、趣味性及知识性，利于最大化调动课堂上师生的积极性，特别要展现课堂上学生的主体地位和教师的主导作用。

任务型教学注重真实场景下的、以明确目标为导向的语言交际活动，它要求学生通过完成任务来掌握真实、实用和有意义的语言，提倡以教师为主导、以学生为主体的教学活动；它倡导体验、实践、参与、交流和合作的学习方式，学生在参与教师或教材精心设计的任务型学习活动中认识语言、运用语言，发现问题，找出规律，归纳知识和感受成功。它的根本特征是以任务为核心单位计划、组织语言教学的途径，是一种语言学习的理想状态。该模式以培养学生语言实际应用能力为落脚点，学生在大量学习和使用英语的交际活动过程中应用语言，掌握各种语言规律，巩固语言知识，获取语言技能。教师必须转变教育教学观念，转变教师角色，为学生创造大量使用语言的环境，使学生在大量交际活动中，使用语言、掌握语言。

任务型教学有大量的理论研究支撑，与教学实践和探索紧密结合，是英语教学发展史上少有的理论与实践紧密结合的教学途径。在高校英语教学中提倡任务型教学，必然带来教学模式的改变和教学中教师和学生角色、地位的转变及其功能的调整。只有正确认识和处理好这种转变，才能有效地推进"任务型"语言教学的开展，促进高校英语改革和发展。任务型教学模式是语言教学的有效途径，同时它又是一种新型的教学方式，因此需要教师在教学中大胆实践，积极探索，才能使任务型教学模式能够在提高学生的英语实际运用能力上发挥出最大效应。

任务型教学理念强调以学生为主体，提倡"意义至上，使用至上"的教学原则，要求学习者通过完成任务，用目标语进行有目的的交际活动。

《大学英语课程教学要求》明确了大学英语教学将朝着个性化、立体化、网络化方向发展，它更加注重英语实际应用能力的培养，把英语当作一种交际工具，用于对外交际沟通，服务于专业、科研的要求或者是满足毕业后所从事的某种职业的需要，全面提高大学生的英语综合实用能力。在采用任务型教学时，教师不能脱离教学目的与教材，在设计任务时，教师必须考虑语言知识目标、语言能力目标；考虑如何使学生掌握教材中的语言点，并把这些与任务活动结合起来，脱离语言知识和语言技能的培养而谈论学生的综合语言能力是不可行的，也是不符合语言教学逻辑的。

为了落实和实现《大学英语课程教学要求》的目标，在提倡任务型教学的前提下，高校英语教师要在教学目标的指导下施教，主动从自身主导型向学习者主导，以学习者为中心的学习形式转化，使学生能在任务教学方式下感受成功，并在学习的过程中获得情感体验和调整学习策略，形成积极的学习态度，促进其语言实际运用能力的提高。高校英语教师应该结合实际，学习和吸收现代语言知识、学习论和第二语言习得研究和外语教学研究成果等有关知识，进一步深入了解交际教学法的深刻内涵和任务型教学的基本要求，改变课堂教学模式，主动适应新的要求，注重培养学生的自主学习、合作学习意识和实际语言交际能力，变单纯的课堂知识传授型的教学为交互、动态的以任务为主要形式运用语言解决实际问题的学习形式。

（二）高校英语任务型教学模式改革的构建方法

1. 转变教学观念，提高教学水平

英语考试不应被视作高校英语教学的终极目标，要在确保学习效果的前提下，彻底摒弃把考试通过率视为衡量英语教学水平高低的错误观念。首先，学生是课堂教学的主体，高校英语的教学模式由以教师为中心转变为以学生为中心；其次，教师是课堂的引导者、帮助者，其角色应从知识的传授者转变为实践能力的指导者和教学质量的监控者；最后，高校英语教学的重点要从语言的基础知识传授，转变到语言文化的熏陶与语言实际应用能力的培养上来。

2. 优化课程体系与人才培养方案

课程体系的调整不是单一的某一课程或者某一学科的变动，而是涉及整个教学计划的统筹，教学大纲的修订。作为人才培养方案的一个重要方面，教学管理部门应以高校的实际情况、学生的实际水平作为最根本的出发点。就高校英语教学模式改革而言，不只包括

了语言知识的传授和语言技能的训练，还要重点突出听、说、读、写、译等语言应用能力的培养。制订一整套完整的考核方案，科学地、合理地进行与时俱进的调整，最终完成这一教学目标。

3. 完善教学方法，转换课堂角色

教学方法的完善主要依靠教师与学生课堂角色的转换，要彻底改变以教师讲授为主线的课堂秩序，教师要做学生的引导者和帮助者，把备课的精力主要集中在为学生提供优质的、有效的、正能量的课堂任务中去，培养学生完成任务的能力，从而提高他们的自主学习能力，增加他们的知识储备，使他们成为具有一定语言交际能力的新型人才。因此，教师应有的放矢地去调整教学方法。例如，多媒体数字化教学，校园网络教学平台，手机软件选课评教系统等。与此同时，学生要在教师的引导下，出色地完成课堂任务，高效地学习，从而不断增强自己的语言应用能力。

4. 提高教学质量，重视师资队伍建设

提高教学质量的主要途径是充分利用先进的教学手段，目前很多教学资源都配备了先进的课件和网络资源，如一些网络课程的开发，多媒体资料的运用，以及微课、慕课等多种教学方式的推广，这些先进的教学方法和教学理念对教学质量的提升都有极其深远的影响。在教学过程中，教师应该不断地进行实践反思，采用问卷调查等形式对教学效果进行调查和检验，为提高教学质量提供可靠的资料。学校还可以成立教学质量监控部门，请专家进行听课、评课，择优聘用教师，低职高聘，从而激励教师不断地提高自身素质，确保教学质量有效提升。

因此，任务型教学模式必须实行个性化教学，充分发挥教师的课堂导向作用，课堂内外都要秉承"以学生为中心，以学生为主体"的教学理念，以学促教，以教促研，保质保量完成教学任务，为任务型英语教学改革取得较好效果奠定基础，帮助学生提高语言的实际应用能力和自主学习能力，有效增强教师的综合素质和业务水平。

三、高校英语任务型教学模式课堂任务设置与实践

（一）课堂任务的设置

在高校英语教学中，应用任务型教学模式时主要分三方面进行。

1. 活动的前期准备

首先，把全班同学按 4~6 人分成若干组。分组时注意性别、学习基础、学习主动性

的差异与搭配，每组选定一名组长。组长的职责是对组员进行考勤，组织督促组员完成教师分配的任务，帮助组员解决学习中的难题，平时帮助教师检查常规作业，如快速阅读、泛读、听写等。组长是教师的助手，在小组中要发挥很大的作用，所以组长的人选既要考虑到他们的英语基础，也要考虑到他们的工作热情，是否愿意锻炼自己，为老师为同学服务。其次，由于英语班级是非自然班级，有些同学不属于同一专业或同一自然班级，为了便于联系，制定了班级通讯录，包括姓名、专业、宿舍、联系电话等，尽可能使小组活动更为方便。

2. 活动的任务安排

每一次任务的进行都按照教学大纲的要求以及教材的特点，制定课文学习的重点和学习目标，确定任务内容和形式。任务的完成时间可能在课文开讲之前，也可能在课文讲解结束之后，这取决于任务的内容。在任务教学法的学习任务中，任务的设计非常关键。设计巧妙、有趣、难度适中的任务有助于引发学生的学习兴趣，促进他们的学习，反之则会削弱他们的学习积极性。利用信息词编故事也是操作、复习课文重点、难点的好方法。具体的做法是从课文中选出 10 个左右的重点词汇或短语，让学生用于编故事，顺序可以变动，这样可以避免学生机械记忆而提高其灵活运用语言的能力，难度一般的任务基本不会占用学生太多的时间准备，所以可以经常采用；难度较大的任务，占用的时间和精力较多，一般每学期安排 1~2 个。

3. 活动的结束评估

任务分配过后，给学生一定的时间准备，并加以适当课外辅导。然后在课堂上检查任务完成情况。除表演和出宣传报外，一般是每组选一代表，上台陈述各组完成任务的情况。陈述完毕后，其他各组为其打分并做简单的评议。小组评议保证了每组陈述时，其他组在认真倾听。同时保证每个组员都积极参与任务的完成，组长要对组员的参与程度做记录、打分。另外，教师也要对每个小组的任务完成情况进行客观、公正、有针对性的、以鼓励为主的评价。同时对于各小组在任务完成过程中出现的语言错误，要进行适当的纠正，提供正确的语言形式。

（二）任务型教学模式课堂任务的实践

1. 课堂引入

教师向学生播放一段视频，该视频向学生呈现一组图片，观看完毕之后，要求学生小组讨论，引导学生总结出图片所表达的含义，然后提出问题供学生思考。通过回答问题这样的活动，学生可以根据已有的知识和其他同学进行交流、讨论，从而很自然地进入下一阶段。

2. 课文阅读

要求学生从课文中找出作者的观点，并通过正误判断题、完形填空、解释、举例等练习形式理解这些句子，为下一个活动做好准备。在学生对课文充分熟悉后，教师要求小组同学合作，这一活动是最高要求的任务活动，演示组的同学通过这一活动，实际运用英语向全班介绍有关内容，其他同学通过观看演示了解他们不太清楚的内容，这一活动的难度较高，按照三个阶段具体阐述任务的施行。

（1）任务前阶段。教师要求每个小组选定一个具体问题，并对每个小组应该涵盖的内容做出具体的限定和要求。在话题和任务具体明确的条件下，学生在课前协作搜集资料时能有针对性地选择最有价值、最权威的信息。教师提前给学生布置任务，确保学生有充足的时间对所要研究的问题进行多渠道、多角度的资料收集。同时教师应该给学生提供资料来源，如提供网站地址或参考书目名称，使任务简单化，让每位同学有能力完成任务。在任务前阶段，每个小组的学生既能锻炼收集、整理、归纳、总结材料的能力，也能提高分析问题的能力。学生在这个阶段所做的工作与所培养的能力远远超过教师的预期，在完成任务的过程中充分体验了快乐，也提高了动手能力与交际能力，充分发挥了才智和创造力。

（2）任务中阶段。教师要求每个小组向全班同学展示成果，再由其他同学结合课文介绍的知识，向他们提问以达到交流信息的目的，不仅锻炼了学生的表达能力，也提高了其他同学以发问的方式获取知识的能力。在这一阶段，学生运用自己的语言能力和交际策略向全班同学展示小组的劳动成果，锻炼了语言表达能力和沟通能力，也增进了学生彼此间的交流，真正实现了学生之间的交流。

（3）任务后阶段。教师对每个小组的内容和语言进行评价，对各小组的要点和话题进行概括性小结，并指出带有普遍性的语言错误。在实际的教学过程中，教师应遵循任务型教学法的原则和理论来引导和指导学生完成任务。

基于网络和多媒体技术的任务型教学模式可以构建开放的教学空间，使教学活动由课内延伸到课外，明显提高了教学效果。首先，内容更加丰富，学生不再仅仅局限于课本材料，而是围绕课文提供的主题所设计的任务，利用高校英语教改环境，根据个体差异围绕任务去进行学习，从而满足不同层次的个性化学习要求；其次，形式更加多样，学生的学习也不再局限于课内的教师教和学生学，而是学生通过多方位形象直观的交互式学习环境，使学生作为认知主体，开启学习的内在动力，激发出学习的积极性；最后，从长远角度来看，有助于学生自主学习能力的提高。任务型教学模式是通过模拟出真实而有意义的语言环境，向学生提供较好的语言输入和输出，使学生在互动的语言环境中完成任务，实现语言的实际运用。高校英语教改环境下任务型教学的设计有效地改善了语言学习的环境，基于计算机和网络的任务型教学模式使教学不受时间和地点的限制，朝着个性化学习和自主式学习的方向发展。

（三）任务型教学模式注意事项

1. 做好学生观念的转变与配合

由于多年的传统教学法的影响，许多学生养成了对教师的依赖心理，缺乏良好的学习习惯。任务型教学模式要求学生主动学习，这对许多学生而言是件困难的事。因此，教师要做好学生的工作，帮助学生树立正确的学习观念，逐步培养学生的自主学习能力。

2. 传统教学与任务型教学的结合

任务型教学法是一种新型的教学方法，强调以学生为主体，教师为客体，但这并不意味着它完全摒弃传统教学法。语言运用目的中的准确性和复杂性与语言形式和语言结构有关。集合众多教师多年的教学经验发现，学生的语言结构的最佳获得途径是通过教师的课堂讲解。因此，任务型教学模式是兼容了传统教学法和交际教学法的折中主义教学法。

3. 依据个体差异设计相应任务

任务设计者应根据学习者的具体情况，综合分析不同任务中影响难度的不同因素，选择搭配，同时利用或提供必要的辅助手段，将任务难度调整到适当程度，以使任务达到最佳教学效果。根据学生的具体情况和需要，组织教学中注意因材施教，具体做法包括：学生水平分层、内容难度分层、学习目标分层、教学方法、教学活动分层、练习和作业分层及评价分层。对于个人能力强的学生设计一些以交际为目的的任务及运用语言解决问题的任务；对于学习困难的学生，设计简单的认知型的任务，主要是提高他们的阅读能力。任务的顺序可多种多样，例如，从接受性技能到产出性技能，或从预备性任务向目标性任务过渡等。

4. 针对听、说、读、写设计适当任务

任务的目标具有多样性，针对听、说、读、写不同的课型，教师要精心设计，合理地安排在各个学习阶段中，帮助学生在各个不同技能方面得到发展。例如，通过教师对阅读任务的制定，阅读者通过"问题—文本"的控制性阅读模式的导入，做到阅读任务心中有数，准确处理信息和储存信息，因而最大限度地提高学生的课堂阅读效率。

5. 重点培养学生自主学习能力

教学过程中对学生加强策略的引导，结合学习内容，多举行一些与英语相关的课外活动，如英语角、英语手抄报、表演对话短剧、收听英语广播、观看英文电影电视等。在设计和实施任务型教学的过程中，教师应遵循语言教学规律和课堂教学规律，全面理解，正确把握，不断实践、不断改进。教师应根据具体问题具体分析，设计具有自己特色的任务型教学的课堂，即以任务型为主，结合使用其他教学方法的一种课堂教学模式。

第四节　信息化时代下的高校英语教学模式

随着中国经济的增长，信息化得到显著发展。英语作为国际通用语言发挥着越来越大的作用和价值。而且英语的实践性要求较强，不仅是对课本上一些基础知识的掌握，还要具备将所学知识运用到具体实践生活的能力。在这样的信息化环境下，高校英语教学同时面临着发展机遇和挑战，所以高校英语教学模式创新尤为必要，将传统的教学理念、教学思想同现代化信息技术相结合，充分利用互联网资源，实现信息资源共享，使学生的智能潜力和各项物质资源潜力得到充分发挥，有助于提升学校教学质量，提高学生的英语综合水平与能力，更好地融入经济全球化发展中，这也是在信息化环境下未来高校英语教学发展的主要方向，具有重要的现实意义。

一、高校英语信息化教学

信息化教学主要是利用信息资源进行授课的一种方式，将学生作为授课主体，以培养学生的自学能力和表达能力。信息化教学的主要目标是创造更具活力和生命力的英语课堂，通过信息技术和学科教学结合的方式，实现"以教师为主导，学生为主体"的教学模式，具体包括信息化教学、情景式教学、互动式教学、分层式教学多种模式融合的混合模式，这也是在信息化环境下，对当前英语教学模式的一种创新。

教师可以通过微信、QQ、邮件等通信软件实现与学生的实时交流，还可以建立聊天群，或者建立微信公众号，每天定时发布与英语相关的知识，或者把课堂上的重点和难点知识用更加有趣、形象的方式呈现出来，便于学生理解和加深印象。学生可以在评论区留言提问，教师可以及时给出回答，或者在群里自由发言，学生之间也可以自由交流，教师可以通过同学之间的交流，了解每位同学的学习特点，并且有针对性地进行课堂教学。英语学习是一个反复的过程，且需要长时间的投入，可以将英语教学转化为令学生主动接受的趣味教学。具体可以从不同方面为学生提供教学资源，可以在网上搜索相关素材，并且用多种方式呈现出来，包括视频、音频、动画、图片等，使学生获得视听双重感受，吸引学生的学习兴趣。另外，老师在教学时还应该对教学内容进行筛选，要根据学生的特点，尽量选取与学生和实际生活相关的内容，利用信息技术，筛选一些真实有趣的案例进行辅导教学。

二、高校英语情景式教学

情景式教学主要是教师创造一定的教学情景，通过生动、形象的场景帮助学生获取知识的一种新教学方法。可以充分利用信息技术手段，使学生切身融入当时的语言和环境中。教师不再是传统的主导者，而是辅导者；学生也不再是教学客体，而是主体。学生的学习兴趣和主动性明显增强，教学过程也更加顺利。学生不仅需要具备一定的语言能力，更应具备交际能力，需要根据自己的生活环境不断地调整自己的语言。模拟真实情景的情景式教学有利于学生对语言知识的掌握，情景模拟可以营造出一个良好的语言学习环境，让学生接触地道的英语，纠正口音，增加语感等，也有利于提高学生学习兴趣，同时还可以让学生把课本里学到的知识运用到真实场景中，将理论与实践相结合。另外，情景式教学还可以帮助学生增强分析问题和解决问题的能力。除了教授课堂知识外，还可以与其他领域相结合，例如，让学生学习自己喜欢的英文歌曲，并且在课间休息时向大家展示出来，或者用英语朗诵，用英语讲述小故事，用英语表演舞台剧等。最后准确地把握学生在英语学习过程中遇到的问题，也是当前情景教学应注意的方面。

三、高校英语互动式教学

目前我国课堂互动模式应用比较广泛，与其他模式相互结合，能够更完善地改进教学质量。首先，要形成教师和学生的互动，教师要在上课前设计好课堂讨论话题，并且查阅相关资料，根据学生的特点，选取学生感兴趣的案例，制造悬念在课堂上进行提问，引领学生思考问题，也可以在教学中穿插一些影视和新闻等，让学生发表自己的看法，增加课堂表现力。或者进行探讨，保持学生长久的注意力。尽可能多地给予学生鼓励，创造互动和表现的机会。其次，要形成学生和学生之间的互动，可以把全部学生分成若干小组，讨论或者自由交流对话，也可以采用角色扮演的方法，进行实事演练。按照书本内容进行英语对话。完成之后，还可以互换角色再进行演练。不但提升学生的口语表达能力，也可以加强团队写作能力，而且在交流过程中，可以及时发现问题，借鉴他人的有效经验，实现自我的发展和完善。最后，是合理利用评价体系，这也是互动教学中比较重要的一个部分，及时对学生的讨论结果进行指导，及时纠正错误；对小组的讨论表现进行评价，以便激发学生的学习激情。但要注意点评尺度，对表现良好的学生给予表扬，对表现一般的学生也要给予鼓励和肯定，不伤及学生自尊心。

四、高校英语分层式教学

随着教育事业的快速发展，各大院校的学生数量都有了一定规模扩大，学生之间的个体差异也在逐渐加大，英语水平高低不一，这就需要在英语教学过程中采用分层教学模式。掌握科学合理的分层方法，使每个学生都得到良好的发展。其中分层又主要包括学生分层和目标分层。首先是学生分层。将学生按知识智力水平和潜力进行层次划分，有针对性地进行教学。例如，通过学前英语测验，将学生划分为基础、中等和优等三个等级。实行动态分组管理，在每次测验之后，重现调整分组，营造良好的学习氛围。在对学生进行分层的基础上，还要根据各层次学生的能力水平对学习目标进行分层。具体而言，如基础级学生目标成绩为 60 分；中等级学生目标成绩为 80~90 分；优等级学生目标成绩为 90 分以上，为不同层次的学生设置学习目标，量身定制适合自己的学习计划，提高学习效率。

信息技术的飞速发展，不仅改变了学生的学习方式，对他们的价值观念也产生了重要影响。现代信息技术与传统教学模式进行融合创新的模式，是顺应时代潮流发展的必然产物，具有很强的适应性。在信息化环境下创新英语教学模式，可以带给学生全新的学习体验，培养适合现代社会发展需求的人才。

第五章 信息化时代高校英语教学创新

第一节 信息化时代高校英语课堂教学创新

2018 年，中华人民共和国教育部印发了《教育信息化 2.0 行动计划》；2019 年，《中国教育现代化 2035》提出要加快信息化时代教育变革。"教育信息化"不但是近几年的政策热点，更是当前高校教育改革的必然趋势和未来高校教育发展的引领。在教育信息化的背景下，教师可以在教学中使用更丰富的资源，并且利用信息技术为学生提供更有效的课堂教学，提高学生的英语学习水平。

一、信息化时代高校英语课堂教学挑战

如今，国内外经济高速发展和社会变革不断深化，英语作为吸收和传播世界文明成果、对外开放和促进经贸交流的重要工具，起着特殊而重要的作用。随着高校英语教学改革的推进，高校英语课时减少了 1/4。想在如此短的课堂教学时间内完成听、说、读、写译五项能力的培养较为困难，高校英语相对于高中英语教材难度大、内容多、课时少，学生的英语学习积极性和热情在逐渐降低。传统高校英语课堂以教师为中心，围绕课本和教室展开教学活动，许多学生表示对高校英语教师全英文授课表示不习惯，英语水平不升反降，高校英语教学模式亟须创新。

信息化发展虽然给高校英语教师的课堂教学带来了挑战，但是它带来的机遇也是多方面的。首先，学生可以把智能手机当作英语学习的工具，各种优质的英语学习 App 层出不穷，内容涵盖英语学习的大多方面，学生也可以利用手机上网查阅各种学习资料；其次，教师可以通过掌握一些信息技术，打破以往的时间限制、空间限制、班级设置限制、课程教材限制，真正把学生放在一个无限的时间和空间中，将学生和学生、学生与资源、学生与工具、学生与内容组合起来，通过这样的一种重新组合，去设计教学，实现"以学生为

中心"把学生当作知识体系创造的主体。

二、信息化时代高校英语课堂教学创新设计

以高校外语教学平台 U 校园和在线英语写作批改平台批改网为例，探讨高校英语教学设计的两种常用模式。

（一）教学平台分析

1. U 校园

U 校园是外研社 Unipus 旗下的在线教学平台，为高等院校外语教学提供混合式教学解决方案。U 校园支持计算机、手机等终端设备，其手机应用又分为学生版和教师版，该平台提供了我校高校英语教材——《新视野大学英语》的数字教材，为教师和学生提供线上学习、互动交流、教学管理、评估测试等专业化支持。

2. 批改网

批改网是一款智能批改英语作文在线服务系统，其是基于云计算的英语作文自动批改在线服务，通过计算学生作文和标准语料库之间的距离，即时生成学生作文的得分和语言及内容分析结果，同时标出词汇、语法、段落等方面的错误，逐句给出修改意见和提供参考范文。与以往教师的纯人工批阅相比，利用批改网辅助修改学生作文能起到显著的效果。

（二）创新型教学设计

1. 课前准备

教师通过课前在互联网搜索并下载全英文无字幕的视频，制作生词表，设置课堂提问，随后上传至学习群组，通知学生自行下载视频，完成观看视频并且回答问题。在完成这个任务后，学生登陆 U 校园学生版 App，查看单词和语言点详解以及课文主旨大意的理解。了解文章大意后，对于视频内容的理解会更透彻。要求学生在做完所有的课前功课后，在 U 校园中回答教师提出的问题，教师可以通过 U 校园教师版查阅每个学生的功课预习情况。

2. 课中互动

翻转课堂模式中的课中是教师和学生互动交流的过程。课文导入部分，教师和学生一

起回顾视频内容和课文不一样的地方。通过多媒体设备展示相关例子，引导学生思考和理解。同时，教师使用多媒体课件展示课文中的语言重难点和语篇分析内容以及文章的幽默、修辞等内容。

3. 课后任务

课后，对于课上没有时间讲解的内容，教师在 U 校园中为学生布置课下自学任务，并在 U 校园的"综合成绩管理"模块，通过设定权重，将学生的自学情况计入期末成绩，以鼓励和监督学生完成课下学习。同时通过批改网布置了与课文相关的写作任务，要求学生在批改网上完成作文，并及时提交。

通过翻转课堂的教学模式，学生的课前输入量有所增加，学生在学中探索，在学中发现问题，然后在课堂上解决问题，并在教师的指导下得到点拨和表达的机会。将传统教学方式和数字化技术有机结合，有助于弥补传统课堂教学的不足，创造融洽的学习氛围和紧凑的教学流程。学生不仅可以实现有针对性地预习，还可以带着明确的问题走进课堂。教师通过对布置的作业进行及时检查，收集学生的反馈。在课堂教学中，教师可以把节省下来的知识讲解的时间用于讲授重难点，有针对性地解决学生课前预习中发现的问题，极大地提高了教学效率。对于基础比较好的班级，教师还可以鼓励学生参与更多的讨论来锻炼学生的批判性思维能力。翻转课堂的这种"先学后教"的模式，使得教师的备课是基于对学生学习的评估基础之上，而不是简单地把传统的知识课本传输给学生。对学生学习的评估也会贯穿教学的始终，时刻影响着教学目标、内容和方法的选择。

利用现代化信息技术的教学，改变了单一化的教学手段，将移动学习、在线学习和传统学习相结合，优化了自主学习模式。新的模式弥补了传统课堂的不足，帮助大学生更灵活地安排学习进度、时间和地点。学生的课堂参与积极性明显提高，学习热情也比以往更高。

（三）创新教学型设计的注意事项

1. 良好的网络环境和适当的任务时长

如果不能联网，依托互联网而存在的数字资源就不能使用，学生们课前知识输入就会受到影响。但是一旦联网，学生很容易被其他的推送干扰。另外，处于大一大二阶段的学生，课程压力比较大，既有专业必修课，又有许多公共课和选修课，同时穿插课外实践活动，空闲的时间并不多。许多学生周一至周五都是满课，周六周日还要上选修课，没有足够的时间来完成课前的知识消化任务。

2. 信息教育化要求教师具备更强的能力

作为一线教师除了繁重的教学任务外，还有艰巨的科研任务。随着教育信息化的不断发展，基于信息技术的高校英语的创新是必经之路，这是适应新时代发展的需要，也是高校英语改革的趋势。高校英语教师也应该学习教育信息化背景下的新的教学理念、教学手段和教学方法。教师应完善课堂设计、媒体制作、课堂组织以及学习测评等能力，为学生创造学习动机、培养学习需求、营造良好的学习环境和学习生态，探索如何利用技术让学生主动学习，因此教师要不断提高自身的教育教学业务水平，不断适应教育教学改革的新要求。

第二节　信息化时代高校英语教师能力创新

随着全球信息化的高速发展，世界各国高度重视社会信息化建设，因此，加快教育信息化的建设与发展，提高公民的信息化能力与素质，培养适应信息化社会发展的人才，以增强科技竞争力，整体提升综合国力是各国追求的目标。

信息化教学能力是以促进学生发展为目的，利用信息资源从事教学活动，完成教学任务的综合能力。教师的信息化教学能力发展的目的是促进学生的发展，所利用的信息资源是介入教学中所有技术作用下的信息化教学资源，教师信息化教学能力是一种综合能力，它由若干信息化教学子能力构成，是信息化社会中教师专业发展的核心能力。

一、教师信息化教学能力概述

（一）信息化社会与教师专业发展

1. 课程改革对教师的要求

课程改革要求改变注重知识传授的倾向，强调形成学生积极主动的学习态度，从而要求教师由单一的知识传授者成为满足不同学生学习要求的帮助者、指导者、促进者，培养学生的创新精神与实践能力、终身学习的意识与能力和良好的信息素养。课程改革能够使课程结构从单一走向多样、从分科走向综合。"在信息化时代下，教学信息资源来源多元化，要求教师具有新的课程观、教学信息资源观，从权威的课程执行者成为学习环境的创建者及教学信息资源的收集者、开发者和设计者。"①

课程改革改变了学生的学习方式，体现了学生学习的主体性、参与性、探索性，要求全面发展不同学生的学习能力；要求教师转变教学方式，加强与学生的教学交往，培养学生搜集和处理信息的能力、获得新知识的能力、分析和解决问题的能力以及交流与合作的能力；要求改变教学评价方式，改变传统评价过于强调的甄别与选拔，评价要促进学生的全面发展，倡导多元化的评价方式。课程改革对教师提出了各种要求，需要教师具有与时俱进的课程观，对教师的知识结构和能力素质提出了更高要求，需要教师转变传统教学方式，加强教学交往能力，教师教学能力的提升要促进不同学生的发展等。

2. 教师专业发展对教师的期许

教师专业发展是目前教育领域普遍关注的话题之一，教学能力发展是教师专业发展的核心。教师专业发展期待教师具有终身学习的意识与能力，动态地实现自身知识的更新以及教学能力的提升。要培养学生的创新精神与实践能力，需要发展教师的创新意识与应用实践能力，教师专业发展需要教师具有一定的教学交往能力，既包括教师之间的教学对话合作，以形成教师教学的集体智慧，也包括教师与学生之间的交流合作，以更好地完成教学，促进学生的全面发展。教师专业发展期待教师角色转变，由知识的传授者转变为学生学习的帮助者、指导者和促进者。教师专业发展不仅要求教师具有一定的教学能力，同时还需要教师有一定的学习资源开发能力和教学研究能力，尤其是教学研究能力，教师有针对性地反思自己的教学，提高自身分析问题与解决问题的能力，从而有效地提升教学能力。在教学中研究，在研究中提高，以便更好地促进教师的专业发展。

3. 信息化时代对教师的挑战

教育信息化是社会信息化的重要组成部分，而教师教育的信息化发展，则是教育信息化发展的关键环节，也是促进教育信息化的重要力量。信息化社会中，教育思想、教学内容、教学方法等都发生了转变，对教师的知识体系和能力素质提出了挑战。信息化社会中，教师的专业发展受到普遍关注和重视，教育部不断完善教师有关教育技术的能力标准，开展了大量教师教学中信息技术应用能力发展的项目，为信息化社会中教师的教育技术能力发展提供了帮助与支持，在一定程度上，也规范了教师教育技术能力的培训与资格认证。

---

① 唐君. 高校英语信息化教学研究 [M]. 北京：中国国际广播出版社，2018：85.

（二）教师信息化教学能力的特性

教师的信息化教学能力，是教师在教学过程中，运用信息技术开展教学活动和完成教学任务的一种重要的特殊能力，它建立在教师信息化实践知识基础上，要在一定的信息化情境中形成和发展。教师信息化教学能力主要的特性有以下几方面。

1. 信息化教学能力的复合性

信息化社会对教师教学能力的要求，已不再局限于单一的传授知识和技能。教师的信息化教学能力既有传授知识、技能方面的能力，也有教学技术、技术化的知识内容、技术化的教学方法、技术化的协作教学等方面的能力要求；既有促进教师教学能力发展方面的能力，还包括促进不同学生信息化学习能力发展的要求；既有初级的信息化教学能力要求，又要具备更高层次的信息化教学能力素质。传统社会中教师的教学能力同样具有复合性的特点，但信息化时代下，由于信息技术要素的动态介入，使得教师的信息化教学能力更为复杂多样。尤其是现代社会教学信息来源多元化、学习资源环境数字化，使教师在教学中应发挥的作用发生了很大的转变。信息化的学习环境对教师驾驭教学的能力提出了更高要求，期待教师的教学能力素质趋向于更加全面化的发展。教师不仅要有信息化教学知识内容的传授能力，更要具备促进不同学习风格和不同学习策略的学生实现信息化学习的能力，使因材施教在信息化社会中得以真正实现。

2. 信息化教学能力的相关性

教师信息化教学能力是由一系列子能力构成的，但各个子能力又是相互联系、相互影响、相互作用、彼此关联的。首先，基本的教学能力具有能力发展的基础性。教师的信息化教学能力是建立在一定的教学能力基础之上的，如驾驭学科教学内容的能力、一般教学法的相关能力、基本的教学技术能力等，都是教师信息化教学能力发展的基础能力。其次，信息化教学的相关学科内容能力、信息化学科教学法相关能力等的形成与发展，也是教师将教学技术、学科教学内容以及学科教学法融合的过程，体现出能力形成与发展的融合性特征。最后，信息化教学能力发展中不同阶段的能力素质具有一定的递进性。教师的信息化教学能力素质，在不同的信息化教学能力发展阶段有不同的侧重。信息化社会中教师的各种教学子能力，只有通过在动态的发展中寻求新的平衡与协调，才能良性动态地形成与发展。

3. 信息化教学能力的发展性

首先，为了适应不同的、复杂的信息化教学情景与信息化教学实践，以满足不同学习对象的不同学习发展与能力要求，需要教师信息化教学能力动态地形成与发展，以适应动态发展变化的要求；其次，信息技术更替周期逐渐缩短，由此而形成的信息化教学方法也同样需要不断发展变化，以满足相关教师教学能力变化发展的需求，适应新技术、新工具、新方法带来的变革，教师应主动适应这种动态变化的发展；再次，课程教学的改革与发展也需要信息化社会中教师能力的调整与改变，以适应教学改革与发展对教师能力结构提出的新要求，需要教师动态调整与发展完善自身的教学能力结构；最后，信息化社会中，教师自身的专业发展本身也是动态的、终身的。教师的专业化成长，需要教师在不同的职业发展阶段，不断完善和发展自身的教学能力结构。教师信息化教学能力的发展是有指向的，指向教师信息化教学智慧的创造，这种发展是终身的。

4. 信息化教学能力的适应性

教师信息化教学能力的形成与发展是在一定信息化教学情境实践中呈现的一种特殊的能力形式，具有明显的情境性特点。同一教学对象、同一教学内容，在不同的信息化教学情境实践中开展的学习活动，需要教师有不同的信息化教学能力去适应，以达到开展相应教学活动的目的。教师信息化教学能力不能脱离一定的信息化教学情境中主体实践的体验而单独存在，教师信息化教学能力的体现与发展，必须是在一定的信息化教学情境体验中完成的，没有信息化教学情境的实践性体验，就不会有教师信息化教学能力的发展。教师不仅要具有适应不同信息化情境中主体实践体验的能力要求，更重要的是，教师需要将不同信息化情境中教学的知识能力素质迁移到其他相关的信息化教学情境中，从而促进教师信息化教学实践能力的发展。

（三）教师信息化教学能力的构成

1. 教师信息化教学能力的知识结构

信息化社会中教师教学能力的知识结构具有明显的层次性。依据教学中对教师教学能力的不同要求，将教师信息化教学能力的知识分为三个层次：第一层次包括学科知识、一般教学法知识、学科教学法知识和教学技术知识，这四类知识是教师信息化教学能力的知识基础；第二层次包括信息化学科知识和信息化教学法知识，这两类知识是教师信息化教学能力的知识主体；第三层次包括信息化学科教学法知识，是教师信息化教学能力的最高知识要求。

（1）教师信息化教学能力的知识基础。第一层次的知识是教师信息化教学能力的知识基础，具体知识内容包括以下方面：第一，学科知识。主要指教师所从事学科专业的知识、概念、理论、方法以及相关联的学科理论内容等，是教师从事学科教学的专业知识准备。第二，一般教学法知识。主要指教学的一般性原理、策略和方法等，可以完成教学的准备、教学的实施、教学的管理、教学的评价以及对教学目标和教学过程的认识等，以促进教师教学和学生学习的一般性的教育教学知识。第三，学科教学法知识。主要是学科知识和一般教学法的综合，涉及对学科知识的表达、传输以及呈现等，以方便教与学的过程。第四，教学技术知识、主要指广义上教学媒体和教学手段的应用知识，既包括教科书、粉笔、黑板、模型、教具等使用的技能，包括幻灯片、投影、广播、电视、计算机、互联网等应用的硬件知识与技能。

（2）教师信息化教学能力的知识主体。第二层次的知识是教师信息化教学能力的知识主体，具体知识内容包括以下方面：第一，信息化学科知识。主要指教学技术与学科知识相互融合后的知识，教学技术使学科知识以信息化的方式更方便、更灵活地表达、呈现与扩展，也可以根据具体的学科内容选择合适恰当的教学技术。第二，信息化教学法知识。主要指教学技术与一般教学法融合后产生的新知识。教学技术介入教学过程后，教学中的要素发生了变化，在教学技术的作用下，既会巩固拓展原有的教学法，也会因此产生一些新的教学方法，如网络环境下的探究式教学、协作教学以及基于信息技术环境的情景教学等。

（3）教师信息化教学能力的最高知识要求。知识是教师信息化教学能力的最高知识要求，具体内容是信息化学科教学法。主要指教学技术与学科知识、一般教学法融合后产生的一类特殊的知识，是教师信息化教学能力的最高知识要求，也是教师信息化教学能力发展中教师获得知识的最高境界与追求。这类知识已经超越了学科知识、教学法知识、教学技术知识的各自内涵，是三类知识的融合与动态平衡，可以在具体的学科教学中，运用合理恰当的教学技术，设置适合学生学习的信息化教学情境，拓展教师的信息化教学，以更好地促进教师信息化教学能力的发展，促进学生信息化学习能力的发展。

2. 教师信息化教学能力的结构类型

知识是能力的基础，知识需要转化为能力；能力是知识的目的，是运用知识解决问题的能力。能力的体现既要综合运用知识，又要分析解决具体问题。教师的信息化教学能力，是信息化教学能力知识体系与信息化教学实践的有机统一。教师的信息化教学能力可以划分为六种结构类型：信息化教学迁移能力、信息化教学融合能力、信息化教学交往能力、信息化教学评价能力、信息化协作教学能力，核心是促进学生信息化学习能力。

（1）信息化教学迁移能力。教师信息化教学迁移能力的实质主要有两个方面：一是不同信息化教学情境中的教学适应能力迁移，即横向迁移；二是信息化教学知识技能的转化迁移，即纵向迁移。教师信息化教学迁移能力是教师信息化教学能力的基础能力，也是教师信息化教学能力可持续发展的重要条件。

1）信息化教学纵向迁移能力（转化迁移）。主要指教师将学习获得的知识技能应用于解决信息化教学中的实际问题，应用于现实的信息化教学活动中的能力，在实际的信息化教学情境中，解决现实中的各种信息化教学问题。对于信息化问题的有效解决需要通过迁移，从这个意义上看，迁移也是信息化教学知识技能向信息化教学能力转化的关键，需要做到学以致用。

2）信息化教学横向迁移能力（适应迁移）。一种信息化情境下的教学活动，在另外一种新的信息化教学情境中未必适用。信息化教学横向迁移能力主要指教师将一种信息化教学情境中的教学经验创造性地应用于其他新的信息化教学情境中的能力，是教师对原有信息化教学能力结构的拓展与延伸。在信息化教学情境中，教师对教学情境的把握、教学活动和教学方式的策略选择、教学媒体的应用、教学活动的程序等，都要依据自身的相关教学经验和借鉴他人的成功做法，需要做到举一反三、触类旁通。

（2）信息化教学融合能力。信息化教学融合能力具体包括以下方面。

1）信息化学科知识能力。即信息技术与学科知识的融合能力，信息技术与学科知识相互融合，会形成学科知识的新形态。原有学科知识形式的新呈现、内容的新拓展，是需要教师将学科知识信息化的一种能力要求。

2）信息化教学法能力。即信息技术与一般教学法的融合能力，是信息技术与一般教学法相互融合后，形成的一类新的知识类型，需要教师具备将信息技术与一般教学法融合，驾驭信息化情景中的一些基本的教学原理、方法与策略等。

3）信息化学科教学法能力。即信息技术与学科教学法的融合能力，信息技术与学科知识、一般教学法相互作用形成的一种特殊知识形态，需要教师具备教学技术知识、学科教学法知识，当然更需要教师将教学技术与学科教学法融合的能力。只有将信息技术与学科内容知识、教学法相互融合，发挥各类知识内容与各种方法策略的优势，才能使教师在新的学科知识形态和新的学科教学方法与策略的基础上，实现教学效率和效果的有效提高，做到信息化教学能力得以有效提升，从而促进不同学生学习能力的全面发展。

（3）信息化教学交往能力。信息化教学交往能力，是指教师和学生在信息化教学情境中，彼此交换思想与感情，促进师生间的交流与沟通，以实现学生能力发展为重要目标的一种教学能力形式。信息化教学交往能力是教学活动中师生的信息化互动，是信息化的教学交往实践，体现了教学中教师与学生之间的关系。信息化社会中的教学既是知识、技能的传授，更是学生学习能力发展的促进，因此需要教师与学生间有效地交往。信息化教学中的教学方式体现出选择化和互动化的特点，学生的学习方式也走向了合作、对话、交流、探究与实践等。教师的信息化教学交往能力包括课堂信息化教学交往能力和虚拟信息化教学交往能力。

1）课堂信息化教学交往能力。指在课堂信息化教学情境中，教师与学生的教学交往能力。在课堂信息化教学情境中，需要实现师生之间的多元化教学交往，需要定位师生之间新的教学交往关系与角色。教师是信息化情境中学习过程的设计者，学习资源的开发者，学习活动的组织者、引导者和管理者，学生是积极主动的学习者。在课堂信息化教学情境中，教师要与学生实现信息化的交流与沟通，实现与学生的平等对话。教师也要对学生的信息化学习过程进行指导，让学生在信息化环境中学会学习。教师还要对课堂的信息化教学活动合理协调，保证课堂信息化教学活动的有序顺利开展，既有对学生学习的协调，也有对教学活动序列的协调。教学协调能力是教师课堂信息化教学交往得以有效进行的保障。教师的课堂信息化教学交往能力，是促进教师有效教学和学生有效学习的重要能力指标。

2）虚拟信息化教学交往能力。指在虚拟的信息化教学情境中，教师与学生的教学交往能力。信息化教学交往能力，在更多意义上指的是虚拟信息化教学交往能力，在虚拟的学习环境中，师生之间的有效教学交往是保障学生学习顺利开展的前提条件。从内容上来看，虚拟信息化教学交往能力，主要包括教师为学生提供虚拟学习环境中的学习支持，监控学生在虚拟学习环境中的学习行为，对学生学习中遇到的各种问题，通过虚拟的学习环境提供尽可能地帮助；从形式上来看，虚拟信息化教学交往能力，主要包括教师与学生个体之间的虚拟信息化教学交往，教师与学生群体之间的虚拟信息化教学交往，学生与学生之间的虚拟对话交流与合作交往等，实现多元化的信息化教学交往。

（4）信息化教学评价能力。教师的信息化教学评价能力指教师对信息化教学和学生的信息化学习做出合理的价值判断，调适信息化情境中的教学行为，规范指导学生的学习行为，以实现教学过程的优化。信息化教学评价，既关注对教师的教学评价，更强调针对学生的发展和学生整体素质提高的评价；既关注结果的评价，更强调过程的动态评价。信息化教学评价体现出发展的、全面的、多元的、动态的特点。教师的信息化教学评价能力可以分为以下方面。

1）学生信息化学习的评价能力。信息化社会中的教学评价，既要关注学生个体的发展和个体的差异，同时也要关注信息化情境中学生创造性的学习能力和综合素质的提高；既要关注对学生信息化学习中知识技能的评价，也要关注对学生信息化学习中实践能力发展和情感培养的评价，实现从单一的评价方式向促进学生全面发展的评价方式的转变。学生信息化学习的评价具有很强的导向性，强调以促进学生信息化学习能力的发展、创造性实践能力的提高为评价的主要价值取向。

2）教师信息化教学的评价能力。关注以促进教师有效教学为目的的教师信息化教学质量评价，是相对注重结果的评价，更加强调以促进教师专业发展为出发点的发展性评价，以帮助教师不断提高自身的教学能力和相关业务水平，实现针对教师信息化教学的过程性动态评价。

（5）信息化合作教学能力。传统意义上的教师协作教学，一般是指教师在备课、教学观摩、教学活动、科学研究等方面的有效协作。信息化社会为教师协作教学提供了可能，拓展和延伸了教师协作教学的能力。

就教师的职业发展方面来看，教师必须具备技能和知识，以创设和管理复杂的项目，并与其他利用网络来获取资料的教师、同事和外部专家合作，促进自身的职业发展。教师应打造基于信息和传播技术的知识团体，并运用信息和传播技术来支持培养学生的知识创造技能及其持续不断的反思型学习，使用各种数字化时代的媒介和方式与学生、家长及同侪就一些信息和想法进行有效沟通。

信息化时代下，教师需要发展信息化教学协作能力与信息化教学集体智慧，需要利用数字化网络资源与同事、专家合作，打造基于信息和传播技术的集体教学知识和多元化的集体教学能力，以支持学生的有效学习和创新能力的发展，同时促进教师自身的职业发展。有关教师信息化教学协作能力的相关研究，各个国家目前已开始广泛关注，也是当前教师信息化教学能力发展研究的新领域，是各国对教师相关教育技术能力的新要求。

（6）促进学生信息化学习能力。信息化社会对教师的教学能力提出了新要求，学生相应的学习能力也发生了变化。以往的相关研究注重信息化环境中，教师有效教学能力的提升和对教师专业发展的促进。目前，人们更多地把研究的问题聚焦于学生的能力发展方面。教师教学能力的发展是为了促进学生学习能力的发展，是为了促进不同学习风格和策略的学生信息化学习能力的发展。

二、教师信息化教学能力的实施策略

（一）信息化时代下的教学走向

人类从工业社会进入信息社会后，机械化、工业化、规模化的教育信息批量生产受到了巨大的冲击，信息技术使教学时空、教学内容、教学资源、教学方式等都发生了重大改变。

1. 教学时空走向开放

信息化社会中，教学的物理时空得到了拓展和延伸，不仅是在课堂与教师面对面的教学中完成，也可以在不同的学校、不同的地区、不同的国家，或是在地球的任何角落，满足不同的学习者不同的学习需求。学习者可以是"在场式"的学习，也可以是"在线式"的学习，也可以是"在场式"学习与"在线式"学习的有机结合。

在教学的物理空间延伸的同时，师生的情感空间和心理空间也得到了扩展。传统社会中，单一课堂教学中的师生关系已经演变为网络虚拟空间中带有各种不同学习需求、来自不同地域的各类学习者之间的情感与心理交融，师生关系也已经包括网络虚拟空间中并未谋面的教师与学生之间的教学交往与交流。同时，教学中的教师，也并非唯一的教学信息来源。信息化社会的教师协作教学也将变得更为可能与现实，教师教学中的各种协作与交流将更为广泛有效。

2. 教学内容走向仿象

传统课堂中的教学，教学内容呈现的多是文字和语言，教学内容的抽象化程度依然较高。而信息技术作用下的教学内容，更具仿象性。教学中大量的图片、声音、动画、视频等多媒体的表达元素，使抽象的知识内容变得更加直观具体。自从出现了专业教师，其教育教学的抽象能力一直在逐步增强。从这个角度看，教师的专业发展既是其抽象事物能力逐步增强的过程，更是其利用多媒体表达手段，形象直观地表达抽象知识和事物现象能力逐步发展与成长的过程。因此，信息技术作用下的教学内容，通过更多的直观形象表达方式，使教学内容从抽象走向了形象。

3. 教学资源走向共享

信息技术使优质的教学信息资源实现有效共享，教学资源从分散走向了统整。信息的最大特性是共享性，而信息化社会中，教学信息资源实现了真正意义上的有效共享，体现了学习者获取教育信息资源的便利性和平等性。信息技术作用下统整的教学信息资源，既可以满足不同学习者的学习需求，也有助于改善教师的教学，丰富教师教学信息资源的选择。统整的教育信息资源，使教学信息来源多元化的同时，也促进了教师的信息化教学能力发展，学生的信息化学习能力也得以增强，从而加速了教育教学的信息化发展，推动了整个教育信息化的进程，深化了整个社会的信息化发展。

4. 教学方式走向个性

信息技术作用下的教学方式，使不同学习者的不同学习需求得以真正实现，教学方式从统一走向了个性。信息化使教学方式中的共性与个性问题找到了解决的有效途径，使真正的因材施教成为可能。不同的学习者，既可以根据批量化的教育信息资源，实现统一进度的学习，更重要的是，也完全可以根据个性化的学习需求，实现因人而异的学习方式，使学习更具个人色彩，真正体现学习者的主体地位。学习者可以按照不同的学习兴趣，自由地选择学习时空、学习内容、学习方式等，以满足在信息时代个性化的学习需求。

（二）教师信息化教学能力的专业发展

为适应教师专业发展及教师信息化教学能力发展的要求，针对信息化教学能力职前培养和在职培训机构内容体系不协调、信息化教学能力价值取向偏颇、资源配置缺乏合理等一系列问题，推行职前教师信息化教学能力培养与职后信息化教学能力培训一体化，形成并完善教师信息化教学能力终身发展体系。教师信息化教学能力的发展，符合能力发展的一般规律，但也有其自身发展的特殊性，教师信息化教学能力的发展是动态的、系统的、有指向的。

1. 教师信息化教学能力的动态发展

教育的发展和教学的改革，需要教师的不断成长，教师的专业发展也需要教师能力素质的不断提高。作为介入教师信息化教学能力中的教学技术，更具有发展的时代性。因此，教师信息化教学能力并非固定不变的，而是处于一种动态变化的状态。在不同的历史时期、社会背景、教育背景下，教师信息化教学能力的要求是动态的、变化的、不确定的，但也是有指向的，教师必须适应这种动态变化的不确定性要求。同时，教师信息化教学能力的发展也是动态的，这种动态性是教师信息化教学能力不断发展、不断完善、不断提升的过程，也是适应社会的变化，不断更新知识和能力素质、追求新知的过程。动态发展的动力既来自学习、教学实践和协作教学等，更直接来自教师信息化教学能力发展的情意和发展的自主性，需要教师具有自主学习、终身学习的能力。

2. 教师信息化教学能力的系统发展

（1）教师信息化教学能力发展的多样性要求。不能仅依靠职前的知识技能学习，也不能单一地依靠在职参与的一些能力发展项目。教师信息化教学能力的发展，既有知识技能方面的结构要求，也有其自身能力方面的素质要求，是知识技能与能力素质的一体化发展。

（2）教师信息化教学能力发展的侧重性要求。职前教师的能力发展，更加侧重知识的积累和技能的模仿体验；在职教师的能力发展，更加侧重不同信息化教学情景的能力迁移、融合和具体的信息化教学实践。职前能力发展和在职能力发展既有不同的侧重点，又有发展的一体化紧密衔接。

（3）教师信息化教学能力发展的系统性要求。这不仅是教师个体的专业化成长，更是关乎学生的成长、教育的发展和社会的发展。教师的信息化是教育信息化的关键环节，教育信息化也是社会信息化的重要组成部分。教师信息化教学能力的发展已经不再是单一的个体内部成长，而是关乎个体外部的诸多关联要素。从教师个体成长到促进学生、教育和社会的发展，体现了发展的系统性。

3. 教师信息化教学能力的指向发展

教师信息化教学能力发展是一个有目的、有指向的过程。从教师信息化教学能力发展的知识结构看，寻求教师的信息化学科教学法知识是其归宿，而教师整体知识体系的发展指向了教师信息化教学智慧的创造；从教师信息化教学能力发展的能力结构看，教师自身信息化教学能力的提高、实现教师的专业发展是其归宿，而教师自身能力素质的发展指向了学生信息化学习能力的发展和学生的成长。教师信息化教学能力的知识结构和能力素质的发展，都有明确的指向性。

（三）教师信息化教学能力发展的促进策略

教师信息化教学能力发展的促进策略，可以从宏观策略、中观策略、微观策略三方面分析。其中，宏观策略是促进其发展的外部环境条件；中观策略是促进其发展的方法论；微观策略是促进其发展的内部系统和直接条件。

1. 宏观发展策略

宏观层面的教师信息化教学能力发展策略，主要是促进其发展的外部环境条件策略，主要包括以下方面。

（1）社会发展的需求。信息技术影响和改变着人们的工作、学习和生活方式，现代社会已经是一个高度信息化的社会，信息社会的一个重要特征就是信息量激增，知识更新周期缩短。教育的信息化是社会信息化的一部分，教师又是教育信息化的重要关键环节。信息技术融入教育领域后，教学的方式、学习的方式、教育信息资源、教学环境以及人们的思维方式等发生了巨大变化。教师要适应信息化社会的发展与变化要求，就必须主动实现其自身角色转型，提升自身的能力素质。信息化社会中的教师，既要具有一定的信息素养，还要实现自身角色的转变，更要发展教师的信息化教学能力。

信息化社会需要培养出具有创新精神和实践能力的信息化人才，这就需要教师实现自身的信息化发展。就此而言，信息化社会呼吁教师的信息化发展，教师的信息化教学能力是时代赋予教师的责任与使命。因此，教师信息化教学能力的发展，是信息时代对教师的能力要求，也是信息技术深入渗透教育的发展需要。

信息化社会对教师能力发展的期待，要求教师在学习学科专业知识、懂得一般教学法和学科教学法的同时，还要熟练掌握教学技术的知识与能力。在此基础上，要求发展成为教师的信息化学科知识、信息化教学法知识和信息化学科教学法知识。在信息化教学实践中，逐步转化为教师的信息化教学智慧。从这个意义上看，教师的教学技术能力是教师信息化教学能力发展的技术基础，教师的信息化教学知识和信息化教学实践是主体，信息化教学智慧是归宿。

（2）教育规划的保障。教育信息化是当今教育发展的潮流与趋势，世界各国都十分重视教育信息化的发展。从专门针对信息化社会中的教育规划、教育改革方案，到教育信息化基础设施、教育信息资源、教师信息技术与能力培训等，各种政策层面都给予教师的信息化发展以支持与保障。从教师信息化教学能力发展的策略看，政策支持与保障集中体现在相关通用教师教育技术能力标准的颁布与实施、教师相关信息技术能力的系统培训项目支持等。

随着时代的变化发展，各国都在加强开展教师相关信息技术能力培训的同时，不断地调整对教师的相关能力要求和教育技术能力标准与能力发展项目，这是适应了时代变化的要求。教师信息化教学能力动态发展的观点，也正是基于此。动态变化并非难以确定，而是顺应了时代变化的需要。通用的相关教师教育技术能力的标准，既是对教师相应能力的规范，也是对教师相关能力发展项目的引导。

从政策保障的层面看教师信息化教学能力的发展，既要重视教师教育技术能力中相关教师信息化教学能力的明确要求，动态调整教师相关能力标准的规范，又要重视对教师相关能力的培训、考核与认证。

（3）教育改革的引导。为了适应信息化对教育以及教师能力提出的挑战，培养信息化社会所需的、适应时代要求的高素质人才，我国相继推行了教育教学领域的改革，以适应信息化社会对人才培养的挑战与要求。教育教学改革在课程体系、实践教学、教学方法策略等方面，已经有了很大的改革与引导。我国在基础教育的相关改革也获得了很大发展，这也直接引导了对教育教学评价的价值取向。

从教师信息化教学能力发展的角度分析，教师信息化教学能力发展的目的是促进学生信息化学习能力的发展，相应的教学评价就不能仅仅局限于教师信息化教学能力的提升，而更应该把相关教师能力标准、教师的相关教学评价以及相关科学研究的目光，及时转向信息化社会中学生的发展。

（4）学校组织的支持。学校是教师教育教学活动的场所，也是教师教学能力发挥的平台。促进教师信息化教学能力发展的所有外部条件中，学校是最直接的促进因素。主要分析以下方面。

1）校长的责任。校长对学校的发展有一定的驾驭和引导责任，与教师存在着领导与被领导的关系。校长对于教师的信息化教学能力发展的促进策略，集中体现在两个方面：一是校长对教师信息化教学能力的认识，二是校长对教师信息化教学能力的认可。教师信息化教学能力的发展需要来自学校层面的理解、支持、引导、帮助，既包括校长给予教师的精神鼓励，还包括必要时的物质激励手段。校长对教师信息化教学能力的认可，要在学校形成一种能力发展的氛围，这样才会有利于促进教师信息化教学能力的发展。

2）学校基础设施的配备情况。教师信息化教学能力的发展，需要在一定的信息化教学情景中完成。因此，学校相应的信息化教学基础设施建设和教育信息化资源的设计、开发与准备是必不可少的。学校既要完善基本的教学设施建设，也要加大对信息化教学基础设施的配备力度。

3）在职教师信息技术应用培训。学校应有计划地安排教师参与相关的信息技术能力发展项目培训，或专门针对教师的实际情况，组织教师参与校本培训。在职教师的培训，是促进教师信息化教学能力发展的重要方式和渠道，学校应给予足够的重视与支持。

4）促进教师间的交流学习。学校有责任引导、组织学科教师开展信息化教学的研讨、观摩，开展教师间的信息化合作教学，包括信息化教学集体备课、集体讨论、集体教学研究等。学校既可以组织面向本校教师的信息化协作教学交流，也可以利用网络等方式，促进不同学校、不同地区，甚至是不同地域的相关学科教师，开展教学交流与对话。既可以是教师间的协作交流，也可以是教师与学生、教师与专家的交流对话。充分的教学协作与交流，有利于教师信息化教学能力发展的经验共享。

（5）教师成长的条件。教师信息化教学能力的发展，外因是条件，内因是根本，发展的最终内驱力来自教师本身。因此，教师对信息化教学能力的自信心、正确的态度、时间保证、知识的准备等，都是教师信息化能力发展的直接内部促进力量。同时，信息化社会教师的专业成长需要，也直接促进了教师信息化教学能力的发展。

信息化社会中教师的专业发展，也要求教师信息化教学能力的理性提升。信息技术与教师专业发展的关联，从外部看，信息技术不同程度地促进了教师的专业发展；从内部看，信息技术已不仅仅是教师专业发展中知能结构的一部分，它已经渗透于教师专业发展中知能结构的各个方面。

信息化教学能力发展过程中，教师的自主学习贯穿始终。从这个意义上看，教师的信息化教学能力发展既是自主的，也是终身的。只有教师对自身信息化教学能力发展有信心，也有兴趣，并愿意为此做出努力，这种能力才会有更大的发展。

2. 中观发展策略

教师信息化教学能力的发展，也需要一定的方式、方法和策略，要有促进其发展的方法论，即教师信息化教学能力发展促进策略的中观层面。在这一层面中，促进教师这一能力发展的关键环节是职前培养、教学实践、在职培训、协作交流、自主学习。教师信息化教学能力发展中观层面的促进策略，主要表现在职前培养与在职培训相结合、传统方式与网络在线相结合、技术知识与实践应用相结合、自主学习与协作交流相结合等方面。

（1）职前培养与在职培训相结合。教师信息化教学能力发展是一个系统的过程，发展的过程从静态走向了动态，从封闭走向了开放，从单一走向了多元，从传授走向了协作，实现了从阶段性教师培训到终身能力发展的观念转变。职前培养与在职培训都是教师信息化教学能力发展的重要促进环节，是不同能力发展阶段的台阶或锚点，不应将其割裂开来，要将职前培养与在职培训紧密连接。

世界各国对职前教师，也就是对未来教师的培养都很重视，是从教师能力源头上入手的。职前教师和在职教师在能力发展方面的侧重点不一样。职前教师主要以技术知识、技能的学习和模仿为主，虽然也有一些教学实践环节，如教学实习等，但总体上要以教师信息化教学知识和技能的获得为主；在职教师主要以知识、技能在新情景中的动态应用实践为主，包括技术知识、技能的学习。教师信息化教学能力的知识体系是教学能力的基础，而教学能力又是教学能力的目的。

（2）传统方式与网络在线相结合。在开展面对面的培训方式的同时，开展网络培训的方式，实现传统方式与网络在线的有机结合。信息化社会中，获取学习信息资源的渠道已经多元化，教师信息化教学能力发展的知识获取、教学经验分享、教学研讨、协作教学等，都可以通过网络在线的方式来实现。

（3）技术知识与实践应用相结合。教师信息化教学能力的技术知识，职前教师主要通过系统学习的方式获得，在职教师则主要通过自主学习、参与培训等方式获得。教学技术知识要转变为教学应用能力，就需要重视教师的实践教学环节。职前教师可以在学习中体验模仿，通过积极参与教学实习，强化对技术知识的实践应用转化。在职教师的教学实践，是将所学教学技术知识转化为应用能力的重要环节和有效方式。

（4）自主学习与协作交流相结合。在信息化社会，需要教师既具有自主学习的意识，也具有自主学习的能力，以适应社会发展变化和教师专业成长的需要。自主学习是教师成长的重要动力，教师可以自由选择、自主控制，自主学习贯穿教师专业发展的始终。教师信息化教学能力发展的开放性、动态性、终身性，都需要教师具有自主学习的能力。

信息化社会的教师协作交流，既包括教师同行间的教学交流、教学观摩、教学研讨等，也包括教师与学生、教师与专家的交流对话。教师既要能够实现面对面的协作交流，也要发展虚拟的、远距离的、跨时空的协作交流能力。教师的信息化协作教学，能有效共享集体的知识、经验与智慧，形成教师信息化教学的共同体。

3. 微观发展策略

微观策略是促进教师信息化教学能力发展的内部系统和直接条件。自主学习、教学实践、协作交流，是教师个体促进能力形成与发展的集中体现。微观层面的促进策略，集中体现在以下方面。

（1）以自主学习为主的知识积累。教师的自主学习是职业发展生涯中必不可少的，是促进教师信息化教学能力可持续发展的基础条件和动力源泉，是教师专业发展的内驱力。教师自主学习的目的就是要实现技术知识积累，促进教学，促进学生的发展。在职前教师学历教育的系统化学习中，需要学习理论知识；在在职教师的阶段性培训中，需要将学习的理论知识在实践中应用，以实现教学能力的提升；在教师的协作化教学中，同样需要交流对话，相互学习，共同提高。信息化社会中教师的自主学习是一种过程，也是一种方式，更是一种能力。自主学习使得教师在信息化教学能力不同发展阶段获得的离散知识更具系统化，使信息化社会中教师的专业发展更具动态化、可持续、终身化。因此，教师的信息化教学能力的可持续发展，需要教师实现以自主学习为主的知识积累。

（2）以教学实践为主的应用迁移。教师的信息化教学实践，绝非简单的技术性教学实践，而是实践中有反思，反思中有智慧。从形式上看，教师信息化教学实践是教学技术知识、技能在具体情景中迁移应用的体现，是一种"理论化的实践"。因此，教师要以教学实践为主，在不同的信息化教学情景中，实现信息化教学融合与信息化教学交往，在实践中反思，在反思中成长，最终实现教师信息化教学智慧的生成与创造。

（3）以协作教学为主的对话交流。教师的信息化协作教学能力，是其信息化教学能力的重要子能力。协作化教学能力，集中体现在教学观摩、教学研讨、协作交流、协作科研等方面，有利于促进教师信息化教学能力的整体提升与发展。任何行业的成长都依赖于它的参与者分享经验和进行诚实的对话，同事的共同体中有着丰富的教师成长所需要的资源。教师的信息化协作教学，实现教师间的相互交流、相互促进、相互提高，有助于教学经验交流、教学资源共享，有利于促进教师信息化教学能力的发展。教师的信息化协作教学能力，既包括了教师同行间的协作交流，也包括了教师与专家、教师与学生的交流对话等；不仅是指面对面的交流对话，更突出信息化环境中的协作教学与对话交流。信息化社会中，强调教师以协作教学为主的对话交流的发展策略，更具发展的时代性。

四、信息技术与英语教学整合过程中的英语教师

目前，信息技术与英语教学整合受到越来越多的关注，但在整合实践中，也出现了各种各样的现象，以下对信息技术与英语教学整合过程中的教师角色定位及出现的问题等情况进行探讨分析。

（一）整合过程中的教师技能分析

1. 整合过程中教师的角色定位

以课堂教学与在校园网上运行的英语教学软件相结合的教学模式为主要发展方向，整合的实质是变革传统的教学结构，改变"以教师为中心"的教学结构，创建新型的、既能发挥教师主导作用又能充分体现学生主体地位的"教师主导与学生主体相结合"的教学结构。由此可见，在信息技术与教学过程整合中，教师不再是传统教学课堂上的核心，而是以学生为中心的意义建构协助者、合作者、导引者，学生良好情操的培育者。

从专业方面看，教师的主要特点是：通过分析需求（语言和学习的需求）、目标（短期和长期的）、学习计划、选材和组织互动，帮助学习者计划并实施独立的语言学习，使学习者学会自我评价，为完成上述任务获得所需的技能和知识；从社会心理角度看，教师的主要特点是：促进者的特点（关心、帮助、耐心、宽容、同情、开放），激发学习者的

能力（鼓励赞扬、消疑解惑，帮助学习者克服困难，随时可以和学习者对话，避免操纵干预控制学习者），帮助学习者提高自主学习意识的能力。

信息技术与课程整合对教师提出了更高的要求，整合中的教师从单一职责的知识传授者转变为一个集学习导引者、学习促进者、学习协作者、提供资源者和课堂管理者等多元角色于一身的教育者。

2. 整合过程中出现的问题

（1）教师作为引导者、促进者出现的问题。在以学生为主体的教学结构中，一些对新型教学结构掌握不好的教师片面理解为以学生为主体的自主性学习活动，而忽略教师的导引、协作角色的作用，弱化了教师的作用，出现了学习主体绝对化倾向、教学管理弱化、重活动形式、轻活动效果等问题。

在整合的课堂上，学生是知识的主动建构者和运用者，教师则是引导者和帮助者，而自主性学习活动恰恰能体现以学生为主体的教学理念。但在实施这一教学活动时，教师作为导引者、促进者角色定位存在一些问题，过分强调师生分离，把所有的教学活动都交由学生自己完成，既没有师生间的互动，也没有教师的导引、监控，没有帮助学生解决学习内容、学习策略方面遇到的困难和问题。教师把学生自主学习理解为学生自学，在学生学习过程中，教师没有指导、监测学生学习；在学生学习结束后，教师也没有对学生学习效果进行检查。

自主学习不等同于学生的自学，自主不等同于自由，否则自主就成为无序的代名词了。课堂上让学生完全自主学习的现象恰恰说明了发展学生自主学习需要教师发挥更大的作用，教师的作用是计算机无法替代的。课堂上的自主学习要在教师指导（teacher guided）下进行，教师应在课堂上担负起指导、监控学生自主学习的责任。学生进行的是指导性自主学习，自主不是自我指导的同义词，在教室环境下，自主并不是摒弃教师的责任。在课堂上，自主学习能力强、学习程度较好的学生会进行有效的学习甚至垄断交际活动；而自主学习能力差的学生因失去教师的有效的、适当的控制，只是形式上进行了学习或自我放纵不学习。课堂上学生学习的过程得到严密监控和细致指导是成功教学的标志之一。

学生学习在一定程度上是有意识的控制行为，有意识的控制行为最终来源于学生的自觉意识，而学生学习的自觉意识要靠教师有意识地引导和培养，学生学习的盲目性、随意性要靠教师来帮助克服，学习中的困难也应由教师来帮助解决。因此，整合学生在学习方面被赋予自主性并不意味着教师的多余，相反，由于学生的学习自主性是一个需要培养、完善的动态发展过程，在不同学习阶段学生离不开教师对他们进步的肯定和不足的帮助，离不开教师的导引、促进和强化。

（2）教师作为意义建构协助者、学习资源提供者出现的问题。在传统的以教师为主体的教学结构中，教师是知识的传授者，是主动的施教者，是教学的绝对主导者。而在整合后的教学结构中，教师要对学生及其学习过程中的教学内容及教学媒体进行指导和把握，要根据学生的特点选择、设计特定的教学内容、教学媒体和交流方式呈现、提供给学生，因此，教师是学生意义建构的协作者、学习资源的提供者。此外，学生们期待教师能够为他们创造良好的学习环境，这种环境包括为学生制定适当的学习目标、提供丰富的学习资源及能够使自主学习在课后延伸下去的后续支援学习材料与学习活动等。

在实际的整合课堂上，作为意义建构协助者、提供资源者的教师在设计课堂教学任务时，对学生的实际水平估计过高或估计过低，所提供的学习内容难易度与学生实际水平不符，没有很好地控制学习任务的有效性。教师没有给予完成任务有困难的学生个体特别的指导，没有注意到学习个体的不同造成的学习差异，具体体现在练习和试题的设计没有层次和梯度的变化。

另外，学生依据自己的实际情况选择适合自己的学习任务，通过完成难度略高于自己实际水平的学习任务，达到学习目的，获得成就感，增强自信心，保持继续学习的热情，提高语言学习效果。教师通过筛选后提供的资料应达到能控制课堂信息量、控制课程难度，体现在元认知策略、社交策略、情感策略、认知策略、记忆策略等的培养。教师作为意义建构协助者，学习资源提供者的角色不仅体现在整合课堂上，还应体现在整合课堂后的学生自主学习的后续活动中。部分教师的教育资源提供仅停留在以教师展示型为主，较少考虑研究性学习专题资源；课件或专题网页学习任务仅围绕课堂教学内容，没有提供拓展性的学习内容，没有提供适量的开放性文本资料；没有考虑学生的可持续性学习需求，不具备课外延伸性，没有为学生学习个性化发展所需的语言技能提供充分的生长空间。

如何使教师在整合中准确定位自己的角色、发挥自己应有的作用是每个教师在教学实践中要考虑的问题。只有在实践中不断探索、逐步完善信息技术与英语课程整合模式，才能使信息技术与英语学科教学整合得越来越科学、越来越有效，从而推动英语教学的良性发展。

（二）英语信息化教学中的教师素养

以现代信息技术为支撑的高校英语教学模式已成为必然趋势。"硬件"的大量投资和

"软件"的优化建设为英语信息化教学提供了丰富的物质资源，教师是使这些软硬件资源充分发挥效能、促使英语课程和现代化网络技术有机整合的关键因素，高校英语教学中教师的信息素养更是关键中的关键，是英语信息化教学"人件"建设的核心。

1. 教师在英语信息化教学改革中的作用

近年来，传统的英语教学模式难以满足学生的需求，因此，高校英语教学模式的教学改革至关重要。对于此，中华人民共和国教育部提出要利用现代信息化手段与技术来改变人才培养模式，开展自主性学习、研究性学习，《大学英语课程教学要求》也提出要建立基于计算机和网络技术的大学英语教学新模式，大力改革大学公共英语教学。经过初步实践，众多高校不仅已就深化计算机网络环境下英语教学的改革达成了共识，而且已经基本构建起了英语信息化教学所必备的硬件设施和软件资源。这些硬件和软件的投资在支持学习和教学方面发挥了很大的作用。

技术是教育中的工具性要素，技术只有为人所用才能转化为现实的教育"生产力"。脱离了人这一决定性要素谈改革，改革就是无本之木、无源之水。所以，"人件"建设的步伐不应滞后于硬件的投资和软件的开发，"人件"建设的重要性不亚于硬件和软件。教师的教学技术和信息化组织能力是关键，是信息通信技术和英语学科有机整合的重要角色，教师应根据本学科、本课程的性质，结合学校实际能提供的硬件设施和软件资源，分析本校学生的学习需求，有效地完成教学过程。而"人件"建设的核心不仅是技术管理员队伍建设，更重要的是网络英语教师队伍建设。因为高校英语教学改革是由英语教师进行的教学改革，不是计算机教师的教学改革。英语教师不可能置身事外。所以，英语教师必须把信息技术和课程有机整合，才能使资源物尽其用。

教师在现行高校英语教学改革中的关键作用是由教师在改革中的地位和角色所决定的。在新教学模式中（教师、学生、教材及教学方法在现代信息化环境下新的有效组合），教师仍起着主导作用。这种主导作用体现在教师作为学习的导引者、设计者、促进者和管理者的角色中，即教师首先需要体验如何利用信息化优势去获取新知识，从而引导学生利用这个过程构建自己的知识体系（引导者）；其次，教师有了计算机和课程整合的教学体验后，就能利用信息化优势，结合学生的学习特点设计去创造整合课程的学习环境（设计者）；再次，教师根据自己的体验提供给学生一个资源丰富的学习环境，指导其下一步的学习活动，以问题激发学生思维，并为学生的学习活动过程提供示范或描述解决问题的步骤（促进者）；最后，教师要协调解决在网络学习过程中出现的突发问题，完善教学过程（管理者）。

由此可见，英语教师的这种主导作用要求教师必须更新教学理念，具备一定的信息能力，同时还要将这些新的教学理念和信息能力融入课程教学原则和教学艺术中。在英语信息化教学模式的取向中，英语教师应具备较高的信息素养，培养英语网络教学的驾驭能力，才能满足信息化教学模式的需要。教师的信息素养是英语信息化教学中"人件"建设关键的核心，是课程与技术整合的关键，是高校英语教学改革成功与否的关键，也是学科长远发展的关键。

2. 高校英语教师的信息素养的重要意义

信息素养就是利用大量的信息及主要信息源，了解信息系统并能鉴别信息的价值，选择获取信息的最佳渠道，使问题得到解答的技术和技能。从根本意义上说，具有信息素养的人是那些知道如何进行学习的人，他们知道如何组织、如何寻找信息、如何利用信息，以至于其他人可以向他们学习。综上所述，高校英语教师的信息素养应包含以下方面。

（1）信息意识（information awareness）。信息意识是教师信息素养的一个重要内容，是人们在信息活动中产生的认识、观念和需求的总和，指教师对信息的敏感度，这要求教师具有敏锐的感受力和持久的注意力，能够意识到信息的作用，对信息有积极的内在需求。教师在进行信息技术与课程整合时，只有敏感于信息，具备强烈的信息意识，才会积极主动地挖掘信息，搜集、利用信息，丰富自身的知识。信息意识是教师丰富信息知识、提高信息能力、形成信息意向、完善信息素养的前提条件，同时更是教师进行信息技术与课程整合的前提条件。

（2）信息知识（information knowledge）。信息知识是指与信息有关的理论知识和方法。信息知识是信息素养的重要组成部分。在信息时代，信息知识包括关于信息的基本知识，例如，信息理论知识，对信息和信息化的性质、信息化社会及其对人类影响的认识和理解，信息的方法和原则等；还包括现代信息技术知识，例如，信息技术的原理、软硬件的知识、信息技术的作用及信息技术的发展和未来等。作为教师，对这些基本的信息知识都需要有一定程度的了解并且不断地学习。

（3）信息能力（information competence）。信息能力是整个信息素养的核心，指的是教师对信息系统的使用以及获取、分析、加工、评价信息并创造新信息、传递信息的能力。教师应具备以下方面素养：第一，基本信息素养，即计算机基本技能，教师必须掌握Word 文字处理、Excel 电子表格及一些常用应用软件的安装和使用，并能熟练应用计算机处理学生考试成绩、编写测验试题等；第二，多媒体素养，信息时代为教学提供了丰富的媒体，为提高教育教学质量，教师应根据不同的学科特点和教育对象，围绕教学目标、授课内容选择和使用不同的媒体，进而制作多媒体教学课件；第三，网络素养，信息化时代下的教师应具有网络基本知识和素养，教师应当掌握计算机网络的一般原理，学会利用网络搜索数据、传输文件和网络交互式教学，能利用电子邮件与同行或学生进行交流，利用电子公告牌或自己制作的网站（页）发布自己的认识和观点。

（4）信息和课程整合能力（integration competence）。信息和课程整合能力是信息素养的目的，指的是教师根据课程特点，依据一定的教学原则，因地制宜、根据需要利用必要的媒体来设计符合教学实际的教学活动，完成教学任务，提高教学效果的能力。把信息技术和不同媒体优化组合，将信息技术有机融入学科教学过程，才能真正发挥信息技术的作用，从而提高教育教学质量。

（5）信息伦理（information ethic）信息伦理指信息安全和信息道德两方面的内容。信息伦理把握教师信息素养的方向，指的是教师在获取、利用、加工和传播信息的过程中必须遵守一定的伦理规范，不得侵犯他人的合法权益。同时，还要了解信息安全、防范计算机病毒的常识。信息技术与课程整合背景下教师的信息道德特别指教师在信息技术与课程整合中，要保证教学内容的科学性和对他人劳动成果的尊重及知识产权的保护，这是当前教师的信息道德中的重要内容。

以上五个方面既相互独立又相互关联，一般而言，信息技能的提升是信息意识增强的结果，同时它又促进信息意识的增强，信息技能的提升通常有助于信息安全的发展，而信息安全意识的提高又必然促进信息技能的发展。

（三）高校英语教师信息素养的系统培养

1. 增强教师信息意识

要突破高校英语信息化教学，观念更新比教学设备更新更重要。改变传统的思想观念是培养教师信息素养的基础和关键。提高高校英语教师的信息化教学技术能力，要使广大教师从思想上认识到提高自身信息素质的重要性、紧迫性和责任感，能自觉、主动地加强学习与实践，不断提高自己认识，掌握并创新地将信息技术运用于语言教学的能力。

2. 提高新老教师信息能力

人才缺乏制约了信息化高校英语教学的普及和多层次、多形式、多规格的发展。一位真正的英语信息化教学专家应当是网络技术专家和语言专家，而且首先应当是语言专家。所以，高校英语信息化教学首先要解决的是英语人才的技术问题，而不是信息化人才的英语问题。提高英语教师的信息能力，有效培训应通过以下方面。

（1）加强在职教师信息素养的继续教育。学校要通过有效的师资培训方案的实施，帮助现有的高校英语教师掌握信息化应用技能，使他们成为运用现代教育信息技术辅助英语教学的主力，使信息化教学成为高校英语课堂教学的常态，使广大学生成为信息化教学的最大受益者。由于教师本身要从事教育教学工作，没有过多的时间来培训信息素质，因此在对教师进行信息素质的培养时应坚持以在岗学习、业余学习为主。与此同时，学校还应组织专门的在职培训，组织骨干教师到有条件的高等学校进行短期培训，借助学校的计算机中心组织教师进行校内的信息素养培训活动，包括学校利用寒暑假或双休日组织的信息技术培训、信息技术与课程整合的教学观摩或教学研究等。教师也可以通过网络、阅读等途径进行信息技术相关知识的学习，自我提高信息素养。

（2）做好新教师现代信息技术教育的培训。随着学校规模的扩大和学生人数的增加，对新教师的需求量也相应增大。师范院校及英语院校也可以调整目前的课程设置和教学内容，开设相关课程，使这部分人走向教师岗位后能以点带面，带动整个教师队伍的信息能力。

（3）建立相应的评价和管理模式。学校可以建立相应的信息化教学的评价和激励机制，提高教师在教学中使用新技术的积极性。对在教学中积极采用信息技术的教师给予奖励。同时，把信息能力作为教师考核的一项内容，或者举行课程信息化技术比赛、课件制作比赛，采用优秀课堂评奖等形式，增加教师的参与意识，从而提高教师的信息能力。

3. 提高技术与课程整合能力

教师应积极地探索信息化背景下的英语教学设计、教学模式、教学管理模式、教学评估体系、学习模式与评价等。信息技术无法替代教学艺术，要使信息技术发挥最大潜力，关键还在于教师是否能够根据教育原则做出正确的决策。教师要遵从语言学习理论和教育学原则，恰如其分地运用技术，方可优化课堂教学，提高学生学习效率。

在信息技术与课程教学整合方面，教师应明确信息技术在语言教学中的优越性和局限性，要合理地设计教学活动，有效地实施教学方案，将信息技术灵活多样地整合于教学活动，促进学生的研究性、创造性和自主性；有效管理基于信息技术环境下的学习活动，利用信息技术，通过多种测评系统收集、分析、解释和管理数据，对信息技术环境下的教学过程和学习活动进行有效、合理的评价。

随着信息化时代的到来，信息化技术为高校教育领域带来全新的变化，使获取信息、处理信息、传播信息能力成为当前环境下高校教师的必备能力。高校教师正面临着深层次的改革：更新教育观念，提高教育技术，探索新的教学模式，提高教学效率和效益，这实际上是对教师的教学意识和素质的改革，要求高校教师尽快从传统教学模式中走出来。只有具备了一支高素质的教师队伍，才谈得上建立教学模式，通过实验、交流、推广，才能把教学改革推向纵深发展，使学生成为最大的受益者，"人件"建设的步伐应该先于硬件和软件建设。高校英语教师队伍是信息化教学改革中"人件"建设的核心内容，教师的信息素养是将信息技术充分有效地融入课程教学原则、推动教学改革纵深发展的关键。教师主观意识的转变和客观培训条件的创造至关重要。作为教师只有在教育观念上跟上时代的发展、在教学过程中明确自己的职责、在教育发展中加强自身信息素养的提高和发展，才能成为具备较高信息素养的现代化学者型教师。

第三节　信息化时代高校英语学习方式创新

在信息化时代背景下，信息、网络技术迅速发展，这在很大程度上改变了英语学习方式。合作学习、自主学习、反思性学习等都是行之有效的新型学习方式。在高校英语教学过程中，教师应强调学生的主体性，给学生提供自主学习的机会，引导学生进行反思性学习，逐渐培养学生的合作意识、自主学习能力以及反思能力。

一、信息化时代高校英语的合作学习

英语学习的过程其实就是交际的过程，而交际的基础就在于合作。通过人与人之间的合作，其交际的内容会表现得更丰富，英语学习也就更深入。合作学习是学生社会性的本质体现。本节就对信息化时代下合作学习的相关内容展开论述。

（一）合作学习的要素

一般而言，合作学习包含三个要素：小组活动、相互支持和组员间的人际交往技能。

（1）小组活动。小组活动是合作学习的基本要素。小组活动是指小组有明确的学习活动时间、明确的学习活动目标、明确的学习活动任务、各个组员间的明确分工、真实详尽的学习活动反馈。

（2）相互支持。合作学习中组员之间的利益是联系在一起的，每个组员的学习行为都会对整个小组的学习带来一定的影响，因此组员之间必须在心理、资源等方面相互支持，使整个小组的利益最大化。

（3）组员间的人际交往技能。小组的氛围直接影响学习目标的实现，组员应掌握一定的人际交往技能，从而创设良好的氛围。组员之间应彼此信任、积极沟通以及正确处理冲突，这些都是人际交往技能的表现。

（二）合作学习的意义

合作学习的意义主要体现在以下方面。

第一，有助于促使学生之间互帮互助。合作学习具有交往性、互助性、分享性特点，所以学生在合作学习中可以通过师生互动、生生互动，互相启发、互相协作、互相鼓励，分享经验与知识，进而解决学生个体的难题，最终完成学习任务。

第二，有助于调动学生的积极性。通过合作学习，学生会逐渐意识到自身存在的不足。另外，在其他同学的帮助下学生也会更愿意参与教学中的活动。一旦学生参与到合作学习中，学生之间就可以展开更为充分的交流，帮助学生更好地完成学习任务。

第三，有助于培养学生的团体意识。在合作学习活动中，学生很容易将自己归为某一组（团体），并与该组荣辱与共，增强集体荣誉感，团体意识在不知不觉中得以产生和发展。

第四，有助于培养学生的创新精神。通过合作学习，学生之间形成"支持性风气"，学生之间的相互信任、合作的程度会有所增加，他们共同完成的作品也就更具创新性和多样性。

总而言之，合作学习对培养学生的合作精神、团队意识和集体观念等均有很大帮助，还能在一定程度上弥补一个教师难以面向有差异的众多学生教学的不足，便于教师因材施教，最终真正实现每个学生的发展目标。

（三）合作学习的构成

合作学习的结构由三种类型的合作学习小组构成：一是正式合作学习小组，可以用来教授具体的学习内容；二是非正式合作学习小组，可以用来确保学生们在听课时能做到对信息进行积极的认识加工；三是基层小组，可以用来对学术上的进步提供长期的支持和帮助。任何课程布置的作业都可以通过采用合作小组的方式来完成。

1. 正式合作学习小组

在正式合作学习小组中，教师需要做到下列几点：组织学习小组（确定学习小组的人数并确定如何分配学生）；讲解学生需要掌握和运用的概念、原则和策略；布置要合作完成的任务；检查学习小组的作用；通过教一些协作技巧和在需要时提供学术帮助等来进行干预；评估学生的学习效果和指导学习小组有效运作。

2. 非正式的合作学习小组

在非正式的合作学习小组中，老师应该做到使学生关注学习材料，进入学习状态，确定对授课内容的期望，确保学生对所学材料进行认识加工，并对一节课作小结。学生可以用 3~5 分钟的讨论来总结他们所了解的主题，这个主题是在课前或课后的焦点讨论中设置的，这几分钟的讨论可以穿插在整个授课过程中。

3. 合作学习的基层小组

合作学习的基层小组可以在学习过程中给学生提供所需的支持、鼓励和帮助。基层小组的成员可以每天碰面。他们的关系是持久的，彼此间能提供长期的相互关心。这种关心对组员在高校里能坚持不懈地学习非常重要。采用基层小组的学习方式有利于提高听课效率，使所要求的学习任务和学习过程个性化，并提高学习的质量和数量。班级或高校的规模越大，教学的内容越复杂或越困难，成立基层学习小组就显得十分重要。

（四）合作学习的实践

合作学习的实践具体涉及以下方面。

1. 合理分组

合作学习的第一步是对学生进行合理分组，具体应做到以下方面。

（1）教师必须决定小组规模，可根据学习活动的时间、学习材料的多少来决定小组规模。

（2）最好将能力不同的学生分到一组，以保证各个小组的能力水平相当，并且能力不同的学生在一起可以促进学习。

（3）将学习风格不同的学生放到一组，研究表明，不同学习风格的学生在一起，也有助于学习效果的提升。

（4）组员的选择应由教师来定，而不能自由选择，因为自由选择的小组会较多地做与学习无关的事情。

2. 策划并提出问题

小组合作的学习内容要有一定的可操作性，教师设置的问题要具有开放性和讨论性。在课前，教师应根据学习任务明确分组原则，对于小组内各成员的任务以及小组完成任务的时间都应该做出明确的规定。教师是学生合作学习的引导者，教师为学生布置具有适当难度的任务，充分调动学生的积极性，为不同的学习小组布置不同的任务，使各小组之间互相学习、共同进步。

3. 合作实践与过程控制

学生开始合作学习的同时，教师需要对整个过程进行监督管理。教师要观察学生的表现，且给予一定的提示，也可以用提问来检查学生的表现。教师在必要时应向学生提供帮助，解答学生的问题，提高学生学习的效率。对于学习中遇到的每个问题，组员应该先深入思考，然后再和其他组员讨论交流，教师应该尽量保证学生做到完善。

4. 评价合作学习效果

对小组合作学习效果的评价主要涉及两个方面：一是要对学生的学习过程以及学习结果进行评价；二是要对小组和组内各成员进行评价。

教师在评价各学习小组的成果时，要注重评价整个小组的任务完成情况，而不是小组中某一个成员的成绩。同时，教师还要对小组成员参与的积极性、主动性和思维的独创性等各个方面给予恰当的评价，这样既可以在小组内为其他学生树立学习榜样，激发组内成员相互学习的热情，又可以调动成员参与的积极性，减轻个别学生的依赖性，最终实现教学目标。

二、信息化时代高校英语的自主学习

近年来，自主学习成了外语教学的研究热点，培养学生的自主学习能力也成了英语教学的重要任务。在信息化时代下，高校英语自主学习方式可以不受时空的限制，不断提升学生的积极性和主动性，有助于学生终身学习的实现。

（一）自主学习的层面

自主学习是学生在学习过程中认知、情感和行为处于活跃的一种状态，自主学习中含有元认知、动机和行为三个要素。动机产生于学习者的自我激发，元认知和行为共同创设出最佳的有利于自主学习的物质环境和社会环境。自主学习意识不仅指学习者意识到自己要为自己的学习负责，还要意识到在学习过程中主动地确定学习目标和内容，意识到运用适当的学习策略和方法以及监控、管理、调节学习过程。从以下层面对自主学习的实质进行分析。

1. 横向层面

横向层面的自主学习是从学习的各个维度和方面对自主学习进行综合界定。同时，自主学习就是学习者本人对学习的各个方面自觉地做出选择和控制，学习者的学习具有充分性。具体而言，如果学习者的学习动机是自驱动的，并且学习内容是自己进行选择的，学习策略也是自主进行调节的，学习时间是自我管理和计划的，那么，学习者就能主动地营造有利于学习的物质与社会条件，并且能够对学习结果进行评价和判断，相应地，其学习也就具有自主性。

2. 纵向层面

纵向层面的自主学习是基于学习的完整过程对自主学习实质进行的阐释。假如学生在学习活动前就能确定具体的学习目标，制定相应的学习计划，并做好充分的准备，那么，其在具体的学习活动中就能够很好地对其学习策略、学习方法等进行自我监控、自我调节和自我反馈。并且，还能在学习活动后，对学习结果进行自我总结、自我检查、自我评价甚至自我补救等，相应地，其学习就具有充分的自主性特点。

（二）自主学习的意义

1. 弥补学生之间的差距

外语学习者的学习能力之间存在较大差异，学生对新知识的掌握速度不同，在学习方面的擅长点也不同。而借助于自主学习，学生能够很好地弥补学生间、个人间的距离。借助于自主学习这一模式在成绩上能够追上大部分差距，自主性强的同学能够通过有效的学习方法，并且通过自我调节来提升学习成绩，而且成绩会高于自主性差的同学。

2. 增强学生个体的学习意志

学习意志指人的主观能动性在学习上的突出表现形式，学习意志对学生个体的学习具有调节、保障作用。在高校学生中开展自主学习，能够使其产生内在的求知欲和驱动力，并支配学生个体进行持之以恒地学习，表现出意志的坚韧性。诸多实践充分证明，学生在自主学习的过程中，能够不断地尝试着运用各种策略逐个解决学习的困难、提升学习体验和能力，其学习的意志也会日益强化。

3. 实现外语教学目标

现代教育目标在逐渐倾向于人的全面能力的培养，未来的社会是一个继续学习的社会，一个要求人们必须终身受教育、不断自我发展与提高才能适应生存的社会。因而，当代的高校也必须肩负起培养学生的自主学习能力，使学生通过自主学习获得走向未来社会，能够对人际关系进行妥善的处理，并注重培养大学生的团队合作精神。高校英语的教学目标是培养学生的英语综合应用能力，特别是听说能力。同时增强其自主学习能力，提高综合文化素养，以适应我国经济发展和国际交流的需要。为了实现这一目标，高校英语教学将改变原有的讲授式教学模式，培养学生的自主学习意识。在新的教学模式下，教师的首要任务就是培养学生的自主学习能力。

4. 建立终身教育体系

迅速发展的科学技术以及不断提高的职业要求使人们逐渐认识到在学校学到的东西已经无法适应时代的变化，只有不断进行自主学习，完善自身，才能更好地实现人生价值。因此，自主学习是个人终身教育的需要。终身教育体系不仅打破了将人生分为学习和工作两个阶段的传统观念，也打破了传统学校教育体系的封闭性和终极性，使教育成为人们终身的活动，成为工作、生活甚至生命的重要组成部分。学生一旦具有终身学习的意识和自主学习的能力，将能更好地应对不断变化发展的时代。

（三）自主学习的特点

自主学习主要具有以下几方面特点。

1. 独立性特点

独立性是自主学习的基础和前提，是学习主体内在的本质特性，是每个学习主体普遍具有的。它不仅体现在学习活动的各个方面，而且贯穿学习过程的始终。因此，独立性又是"自主学习"的灵魂。具体而言，自主学习的自立性体现为以下方面。

（1）每个学习主体都具有"天赋"的学习潜能和一定的独立能力，能够依靠自己解决学习过程中的"障碍"，从而获取知识。

（2）每个学习主体都具有自我独立的心理认知系统，学习是其对外界刺激信息独立分析、思考的结果，具有自己的独特方式和特殊意义。

（3）每个学习主体都是具有相对独立的人，学习是学习主体"自己的"事、"自己的"行为，是任何人不能代替、不可替代的。

（4）每个学习主体都具有求得自我独立的欲望，是其获得独立自主性的内在根据和动力。

2. 开放性特点

在自主学习中，学习主体变为学习的中心。由知识的被动接受者变为积极主动的学习者。自主学习模式中，教师通过自己的指导使学生能够对学习进行独立的探索，学生在这种模式中按照自己的方式学习英语。由于这种角色的转变，学生学习的能动性逐渐增加，会自觉地在学习中体验运用英语知识、技能解决实际问题。

3. 自律性特点

自律性就是学习主体对自己学习的自我约束性或规范性，它表现为自觉地学习，主要包含以下方面。

（1）自觉性是学习主体的觉醒，是对自己的学习要求、目的、行为、意义的一种充分觉醒。它规范、约束自己的学习行为，促使自己的学习持之以恒。它在行为域中则表现为主动性和积极性。因此，自律学习也就是一种主动、积极的学习。主动性和积极性来自自觉性。只有自觉到自己学习的目标意义，才能使自己的学习处于主动、积极的状态；而只有主动积极地学习，才能充分激发自己的学习潜能和聪明才智，确保目标的实现。

（2）自律学习体现了学习主体清醒的责任感，它确保学习主体积极主动地探索、选择信息以及建构、创造知识。

4. 自为性特点

自为性是独立性的体现和展开，它包括学习的自我探索性、自我选择性、自我建构性和自我创造性四个层面。

（1）自我探索性。自我探索建立在好奇心的基础上，是学习主体基于好奇心所引发的对事物、环境、事件等自我求知的过程。它不仅表现在学习主体对事物、事件的直接认识上，而且表现在对"文本"知识的学习上。文本知识是前人对客观事物的认知，并非学习主体的直接认识。因此，对"文本"知识的学习实际上也是探索性的学习。通过自我探索而求知、认知，这是学习主体自为获取知识的方式之一。

（2）自我选择性。自我选择性是指学习主体在探索中对信息的由己注意性。外部信息只有经学习主体的选择才能被纳入认知领域；选择是由于被注意，只有经学习主体注意的信息才能被选择而被认知。因此，学习是从学习主体对信息的注意开始的。而一种信息要引起注意，主要是由于它与学习主体的内在需求保持一致。由内在所求引起的对信息选择的注意，对头脑中长时记忆信息的选择提取运用从而发生的选择性学习，是自为学习的重要表现。

（3）自我建构性。自我建构性是学习主体在学习过程中自己建构知识的过程。在这一过程中，由选择性注意所提供的新信息、新知识，是学习的对象。对这一对象的学习则必须以学习主体原有的经验和认知结构为前提，而从头脑中选择提取的信息是学习新信息、新知识的基础。这两种信息经由学习主体的思维加工而发生了新旧知识的整合和同化，使原有的知识得到充实、升华，进而构建新的知识系统。因此，建构知识既是对新信息、新知识的建构，又包含了对原有经验和知识的改造和重组。

（4）自我创造性。自我创造性是指学习主体在建构知识的基础上，创造出能够指导实践并满足自己需求的实践理念模型。它是学习自为性更重要、更高层次的表现。这种实践理念及模式，是学习主体根据对事物发展的客观规律、对事物真理的超前认识、对其自身强烈而明确的内在需求，从而进行创造性思维的结果。建构知识是对真理的认识，是对原有知识的超越；而实践理念模式则是以现有真理性知识为基础，并超越了它。这种超前认识是由明确的目标而导引的创造性思维活动，在这种活动中，学习主体头脑中的记忆信息库被充分地调动起来，信息被充分地激活，知识系统被充分地组织起来，并使学习主体的目标价值得到了充分张扬。

从探索到选择，到建构，再到创造的过程，基本上映射了学习主体学习、掌握知识的一般过程，也大致反映出其成长的一般过程。从这个意义上看，自为学习本质上就是学习主体自我生成、实现、发展知识的过程。

（四）自主学习的因素

影响自主学习的内在因素包括智力因素与非智力因素两个方面。智力因素一般指观察力、记忆力、思维力、想象力和注意力，而且其中的每一种能力都有其独特的作用。非智力因素是指动机、态度、兴趣、情感、意志、性格等。

1. 影响自主学习的内在因素

（1）智力因素。智力因素是自主学习的前提和基础。这里的智力因素主要指语能（language aptitude），也就是语言智商。语能作为智力的一部分，是个体一种特殊的语言认知能力，语言的认知能力包含以下四方面：①语音编码能力，可以使人形成语音与符号之间的相互联系从而辨别不同的语音，同时形成记忆；②语法敏感能力，可以使人辨认词在句子中的具体语法功能；③语言学习归纳能力，可以使人通过例句来归纳语言的运用规则；④语言记忆能力，可以使人在文字与意义之间形成有效联系，同时进行记忆。

（2）非智力因素。非智力因素包含以下方面。

1）学习态度。学习态度指学生对自己在学习中的责任的认识。在英语学习过程中，如果学生的学习态度不佳，那么就无法开展自主学习。这是因为只有在学生自愿负责自己的学习时，学习效率才会高。下面具体分析学习者对语言本质、归因、自我效能感三方面应持有的态度。

第一，语言本质。从语言本身的结构看，所有语言都是由其语音、词汇、语法三部分构成。但交际功能是语言的重要属性，如果只把英语学习放在英语语音、词汇和语法的学习上，只看重对语言基础知识本身的学习，忽略了语言的社会功能，语言学习就没有明显意义。因此，学习语言不仅要学习语言本身，更要学习对语言的使用，了解语言作为交际手段在社会交往中的作用。

第二，归因。归因指学生对自己学习成败所进行的原因解释。学生学习的影响因素主要有以下方面：①学习能力，指学习者内在的、不可控制的一种不稳定因素；②努力程度，指学习者自身具备的、可控制的一种稳定因素；③任务难度，指外在的、可控制的且具备稳定性；④运气大小，指外在的、难以控制的且具备不稳定性。归因不同，对学生的学习动机所产生的影响大小也不同。通常而言，个体把自己的学业成功归因于外部不可控制的因素，如自身能力不足、任务难度过大，就会影响其学习的自主性；如果个体把自己的学习成功归因于能力，把学习失败归因于努力不够，就更容易激发自主学习。如果学生倾向于把自己的学业成败归因于可以弥补或纠正的原因，这种归因就可以引发学生积极的自我反应，促进学生进行自主学习。

第三，自我效能感。自我效能感是指个体相信自己有能力完成某种或某类任务，是个体的能力和自信心在某些活动中的具体体现。自我效能感通常在以下方面影响学习者的自主学习进程：①对学生学习任务的选择产生影响；②对学生学习目标的设定产生影响；③对学生运用学习策略产生影响；④对学生在学习任务过程中体验紧张、焦虑感时产生影响；⑤对学生为学习任务进行努力和面对困难坚持程度产生影响。学习者在使用元认知策略进行自我学习调节时与自我效能有着密切关系，通过提高自我效能感能增加学生对认知策略的应用。高自我效能感的学生使用的自主学习策略更为有效，自我效能感通过目标设置等具体的学习过程来影响学习者的自我学习动机，提高学习者的自我效能水平可以在很大程度上促进其自身的自主学习。

2）学习动机。学习动机是学习者由一种或者对象目标引导、激发和维持学习活动的内在心理过程或内部动力。大量研究证实，学习动机与学习成绩关系紧密。动机是影响第二语言学习和外语学习速度和成功的主要因素之一。学习动机分为两种类型：第一，融入型动机，指学生内在的、更加持久的语言学习动机。具有这种动机的学生喜欢并欣赏所学的语言以及与所学语言相联系的文化，希望自己能够掌握和自由运用该语言，更希望自己能像目标语社会的一名成员，并且能为目标语社会所接受。第二，工具型动机，指学生将目标语看作一种工具,希望掌握目标语后能给自己带来便捷。这种学习动机具有"无持久性"和"有选择性"的特点。因为学生将外语作为一种获得其他利益的工具,有一定的局限性,在一定程度上影响学习者,从而很难达到真正意义上的语言学习效果。目前,我国的高校英语教学中,大部分英语学习者的动机为"工具型动机",如大部分大学生学习英语的动机是获得四、六级证书。

另外,一旦学习动机形成,就会对学生产生一定的指导性,如指导学生用主动积极的态度去学习,对学习表现出浓厚的兴趣,上课能集中注意力去吸取知识等,同时会使学生产生动力,使他们在学习过程中的注意状态、兴趣水平能够保持,在遇到困难时有克服困难的意志力。同时,学习动机与学习态度也是密切相关的。如果个体学习动机明确,学习态度认真,学习目的端正,那么就会积极地为自己创造良好的学习条件和氛围。学习动机提供外语学习的主要动力并促使学习过程持续下去。任何影响学生学习积极性的因素,都是通过学习动机这一媒介对学习活动发生作用的。可见,学习动机是推动学生学习的内驱力。

3)学习能力。许多学生虽然愿意为自己的英语学习负责,然而由于本身缺乏真正的自主学习能力而无法兑现这种责任。通常而言,学习能力包括如下方面:①制定并根据学习情况及时调整学习目标,以使其合理化;②诊断学习材料、活动与学习目标是否相符的判断能力;③对学习材料、内容的选择能力;④对学习活动方式、自我设计学习活动方式以及执行学习活动的选择能力;⑤与其他人(教师或同学)进行协商的能力;⑥对学习活动实施情况的监控能力;⑦对学习态度、动机等因素的调整能力;⑧对学习结果的评估能力。

4)学习风格。学习风格是指在长期学习过程中逐渐形成的具有鲜明个性的、经常的、稳定的行为,其实质是学习者喜欢的或经常使用的学习策略、学习方式或倾向。人们的学习过程以及学习方法往往存在很大差异,每个人都有自己习惯的学习方式。学习者对于外部世界信息的感知主要通过三种感官来实现:①视觉型的学习者习惯用眼睛学习,其对于视觉感知的信息比较敏感,对于以图片等形式展现的东西具有很好的理解能力;②听觉型的学习者喜欢用耳朵学习,他们善于通过"听"来接收信息,他们喜欢通过听录音带、听报告、听对话等方式获取信息,课堂上,听觉型学习者能轻松地听懂老师的口头讲授;③动觉型的学习者喜欢通过实践和直接经验来学习,他们喜欢参与和亲身体验活动,对于那些通过亲身体验来学习的活动具有较大的兴趣。对教师而言,了解学生的学习风格有助于他们了解学生、激励学生、帮助学生。对学生而言,了解自己的学习风格有助于他们将注意力集中到学习过程中，使他们注意吸取他人的经验，借鉴他人好的学习方法，不断拓宽、改进原有的学习方法，进而不断激发自己的潜能，提高学习质量。

5）学习策略。学习策略的有效运用是自主学习的有效保证，现代认知心理学一般将学习策略分为两个方面：第一，认知策略是指个体对外部信息的加工的方法，是个体为了提高自己的认知操作水平而采用的各种程序和方法。认知策略分为一般性认知策略和具体性认知策略。一般性认知策略适合任何学科的学习；具体性认知策略适合特定的学习内容。这两种认知策略都是学生自主学习时必须具备的。第二，元认知策略关系到个体如何选择、应用和监控其所建构的认知策略，主要包括自我指导策略、自我监控策略、自我评价策略等。

2. 影响自主学习的外在影响因素

除受内在因素的影响外，自主学习还受外在因素的影响，包括教师、同伴、学习环境以及社会环境。

（1）教师的影响。作为课堂活动的重要组织者，教师在教学中对学生的学习起着不可忽视的作用。学生的学习过程会受到教师教学方法、教学理念的影响，同样，教师在教学过程中对学生在学习方法、学习策略方面的支持和指导越多，学生从教师的教学中得到的启发就越多。想要提高学生的自主学习能力，教师自己首先要有自主意识，只有教师在教学中向学生渗透自主学习的理念，学生才能逐步实现学习的独立性和自主性。

自主学习并不代表教学中给予学生绝对的自由，教师对于课堂的监督和维持作用是一直存在的，教师仍需要对整个学习过程进行监控，使自主学习有效地进行。此外，教师可以通过策略训练来促进学生自主学习。教师通过问卷调查等方式对学生的学习情况进行全面了解，然后根据其具体情况制定相应的学习目标和计划。学生选择适合自己的学习方法。教师在教学过程中加强对学生学习的监控和监督，使自主学习顺利进行。

（2）同伴的影响。虽然自主学习主张学生独立思考、独立完成学习，但这并不意味着学习是完全独立的。同伴之间的协商、合作对于自主学习也十分必要，能有效促进学生自主学习。同伴对学生自主学习的影响主要体现在两个方面：第一，同伴的自主学习对学生有榜样示范的作用，学生在学习过程中会不断地与同伴的知识水平进行对比，同伴能为学生的学习带来动力；第二，学生对自身自主学习能力的评估受到同伴的自主学习行为和学习成绩的影响，学生对自己自主学习能力的评估经常以同伴的能力和成就为参照，因此同伴的能力水平对学生自主学习能力具有一定影响。

（3）学习环境的影响。自主学习的进行不可能脱离一定的学习环境，因此不可避免地受到学习环境的影响。良好的学习环境和丰富的辅助资源是自主学习能否获得成功的一个重要条件。显然,良好的学习环境(如适宜的学习场所、各种学习设施、丰富的图书资料以及易获得的学业帮助等)有利于学生开展自主学习。

(4)社会环境的影响。社会环境包括文化环境和人际关系两方面因素。

1)文化环境。文化环境因素始终存在于外语学习的背后,文化环境对语言学习者的行为、学习价值观、思维习惯以及态度有着重大的影响,直接影响自主学习效果。

以我国学生的英语学习为例,在目前的中国文化氛围里,英语教学往往过分注重知识的传授,而忽视了对科学精神与方法的培养;注重应试教育,忽视对学习者的主动性、创新性和创新能力的培养;重视背诵,缺乏对个性特点和自信心的培养;强调律己、独思,缺乏对合作意识的培养。以上种种环境,使我国学生自主学习的意识不强,缺乏主体意识。

现代外语教学模式从以教师为中心转移到以学生为中心,学生要适应这种转变,对自己的学习负责任,有意识地提高自主学习的能力,变被动学习为主动学习。同时,教师要积极创造一种新的外语学习文化氛围。教师要有意识地培养学生的团队精神,使学生认识到在一个团体里,每一个成员都要发挥其本身的价值,整体的力量大于个体,相互促进、相互配合、相互竞争、相互信任,以改善学习气氛,提高学习效率。

2)人际关系。英语课堂中的人际关系主要包括师生关系、同学关系。一方面,良好的师生关系、同学关系可以降低学生在学习中的焦虑感、紧张情绪;另一方面,良好的师生关系、同学关系可以营造良好的自主学习环境。当师生之间、生生之间形成了融洽、和谐的关系时,学生在学习中具有情绪的安全感时,其自主学习的意识就会逐渐增强。

对此,教师在教学中要努力创造轻松、和谐的课堂氛围,建立友好的师生和同学关系,使学生乐于参与课堂活动,积极参与合作学习,最终获得自主学习的能力。

(五)自主学习的实施

在高校英语教学中,自主学习的实施可从以下方面着手。

1. 教师角色转变

要想培养学生的自主学习能力,教师要转变原有的观念,将学生视为学习活动的主体,积极引导学生进行自主学习,下面对传统教学和自主学习中教师角色的不同进行对比。教师先要将学生视为学习的主体,尊重学生的个体差异性,尊重学生的人格,鼓励学生多角度地思考问题,营造一种和谐平等的课堂气氛,使学生主动投入到英语知识学习和英语交际中去。

2. 明确教学目标

在信息化时代下，要想学生有效地进行自主学习，而不沉迷于网络，需要明确教学目标，使学生了解学习的目的，端正学生学习的态度，树立学生终身学习的理念。在传统的英语教学中，教学目标一般由教师或学校来制定，学生基本不参与，没有太多的自主性，学生对教学目标的了解知之甚少，往往教师在课堂上教授什么知识，学生就学习什么知识。在这样的教学模式下，学生的自主学习意识往往较为薄弱。而在信息时代下，教师应让学生在开始自主学习之前明确自己的学习目标。具体而言，教师应做到以下方面。

（1）让学生参与学习目标的制定。学生参与教学目标的制定不但可以提高教学目标制定的合理性，还会增强学生的自主意识和责任感，使学生感到自己在教学过程中的重要作用，同时又有助于学生根据教学目标的变化，随时调节自己的学习方法和策略，提高自主学习能力。

（2）让学生了解每个单元、每节课的具体目标，使学生的学习更具有针对性和指向性。

3. 优化自主学习资源

丰富而多样化的学习资源对学生的自主学习十分有利。具体来看，学校应优化学习资源，配备现代化的多媒体网络平台或建立自主语言学习中心，组织自主性的学习活动，全面开放实验室、图书馆、自习室、实践基地等，尽量满足学生的需求，为学生提供个性化服务，从而使学生在开放氛围中与学生和教师沟通交流，激发学生的学习兴趣，提高学生的自主学习效果。

4. 营造自主学习的氛围

在信息化时代下，科技的发展使得网络、多媒体等现代技术在英语教学中得到普遍应用，这些都为学生进行自主学习提供了便利的条件。例如，学生可以在安静的环境中利用现代技术设备进行语言的专项训练；通过网络浏览英语文献资料或与人进行交流等。教师可以充分利用网络、多媒体为学生营造良好的自主学习氛围，激发学生的求知欲望，增强教学效果。具体而言，教师可以根据网络、多媒体的多种功能为学生提供各种获取英语信息和练习实践的机会，为学生提供全方位的学习途径，以满足不同学生的不同学习需求。教师还可以向学生介绍一些优秀的学习网站，帮助学生提高自主学习能力。

5. 激发学生自主学习的兴趣

兴趣是学习的内在推动力，设计能够激发学生兴趣的学习活动，对于培养学生的自主学习能力十分有利。在传统的英语教学中，学生是被动的接受者，学生的兴趣常常被忽视，而在自主学习中，学生是学习活动的主体，是知识的主动构造者，学生的学习兴趣受到重视。为了更好地激发学生自主学习的兴趣，教师需要做到以下方面。

（1）进行需求分析。教师先要对学生进行需求分析，然后根据不同学生的需求帮助他们确定学习目标并制定学习计划，为了更好地适应学生的学习计划教师还应该根据需要对自己的教学进行调整和改进。

（2）尊重学生的个性差异。由于学生的个体差异性使得他们在学习水平、学习风格、学习方法等方面存在差异，教师要承认并尊重学生的这些差异，让学生自主选择学习内容，培养学生的自主学习能力。

（3）仔细观察学生的反应。在自主学习过程中，教师要仔细观察学生学习目标的建立情况、自主学习的适应性及在语言方面的进展情况等，了解学生一系列的反应，并根据学生的反映情况及时调整教学计划或提供帮助，及时解决问题。

6. 训练学生自主学习的技能

学生进行自主学习需要一定的技能，所以教师在英语教学过程中要注意对学生自主学习技能的训练，要多与学生沟通，了解学生的需求，根据学生各自的特点为学生制定切实可行的学习目标，帮助学生掌握自主学习的技能。在学生的自主学习过程中，教师的主要职责是指导和训练学生对学习策略的掌握和运用。例如，教师可以向学生介绍一些基本的阅读技巧，为学生推荐适当的阅读材料，指导学生坚持写读书笔记，通过这样的方式训练学生在阅读方面的自主学习技能。

7. 建立多元化的评价体系

对学生的自主学习进行评价，学生会发现自己学习中的一些问题，从而对自己的学习进行调整。在信息化时代下，自主学习的评价应该多元化。首先，评价方法要做到多元化，评价时可利用档案袋、网络平台以及教师或同伴交流等方法。此外，教学类型要做到多元化，自主学习的评价可采用自我评价、同伴评价以及外部评价。

三、信息化时代高校英语的反思性学习

学习要在活动中进行建构，要求学生对自己的活动过程不断地反省、概括和抽象，因此反思对于学习而言必不可少。"反思"这一概念起源于拉丁文的 reflexio，它是从英文 reflection 意译过来的，意思是"返回"，是根据支持它的基础，与它趋于达到的进一步结论，对假定的知识形式、任何的信念进行坚定的、积极的、仔细的考虑。反思应该包含两

个层面：第一，从教师角度而言，反思是教师在英语教学实践中，以自身表现及自身行为作为依据进行修正和解析，进而不断提高自身素质和教学水平的过程；第二，从学生角度而言，反思是以自己的学习活动作为思考对象，对自己所做出的决策、行为及结果进行分析和审视，是一种通过自身觉醒来促进自身能力发展的方式。

综合"反思"的含义，可知反思性学习是指学习主体（学生）借助自身发展的逻辑推理技能及推敲判断的能力，对其自身进行剖析的过程。反思性学习的过程是元认知的过程，是对学习进行再学习的过程，同时是一个自我监控、调节、建构的过程。在反思性学习中，学生对学习内容进行有目的、有计划的自我规划和监控，并选择恰当的学习策略，从而获取较高的学习成果。之后，学生对该学习过程及成果进行自我反思和评价，检验其过程与结果是否达到了完善的层面。如果达到了学生的预期目标，则表示学习结果是比较圆满的，因此学生可以进行经验总结、方法提炼、探索优化，积极地获取该学习体验，为下一层次的学习做准备；如果未达到学生的预期目标，学生就需要对自己的学习成果进行调节和补救，以期在合适的时间重新开始新一轮的学习。

由此可见，反思性学习是一种循环的学习方式，在每一个相对应的周期内，个体之间具有内在的连贯性，并且对下一层次的更高的学习方式起着重要的指向作用。在这一循环过程中，反思贯穿全过程。

（一）反思性学习的特点

与普通的学习方式相比，反思性学习方式有着鲜明的特征，具体体现在以下方面。

1. 探究性特点

反思性学习中的反思并不仅仅是对过去或以往知识的"回顾"或"回忆"，而是要找到以往学习中遇到的问题，并寻求这些问题的答案。反思性学习的精华就在于：提出问题；对问题进行研究探讨；找到问题的解决办法。因此，反思性学习方式首先具有探究性的特点。

2. 自主性特点

在反思性学习过程中，学生是处于完全自主的状态，通过学生自我认识与分析、自我评价等来获得自我体验，以学生的学习动机为基础，实现学生自身的愿意学以及坚持学。可见，反思性学习具有明显的自主性。

3. 创造性特点

反思性学习是一个积极的思维活动，通过反思，学生可以不断拓宽自己的思路，使自己的思维过程得以完善。反思是探索、发现以及再创造的过程。学生在反思的过程中举一反三，从而提高自身的英语素质。

4. 发展性特点

运用反思性学习方式的目的是让学生能够学会学习。它主要关注两个结果：直接结果与间接结果。反思性学习不仅要让学生完成英语学习的任务，还要求学生能够促进其自身理性思维的发展。这就体现了反思性学习的发展性特点。

（二）反思性学习的阶段分析

英语学习一般可以分为预习、学习和复习三个阶段。据此，可以将高校英语反思性学习分为三个阶段：学前反思、学中反思和学后反思。在各阶段中，反思的内容各有侧重。

1. 学前反思

学前反思是对学习目标和与学习目标相关的内容加以反思，了解学习目的，同时制定合适的学习计划。例如，在预习词汇时，学生除了要对词汇进行读解和识记之外，还应查找其近义词、反义词以及相关词组，学会举一反三、融会贯通。通过查找相关资料，了解要学的内容要解决什么问题，采取什么方法，哪些内容是重点、关键等。在反思的过程中，学生可以边阅读、边思考、边书写，标记内容的要点、层次、联系，写上自己的看法。在预习过程中，学生尤其要对异域文化现象进行反思。语言与文化密切相关，英语教学不仅是语言教学，更是文化教学。

2. 学中反思

学中反思，即学生对学前反思的内容和教师课堂教学的内容和方法加以反思。具体而言，学生的学中反思通常包括以下情况：

（1）自己对教师教学目的与要求的了解情况。

（2）把教师的教学目的转化成学生自己的学习目的的情况。

（3）把教师的教学目的转化成学生自己的学习目的并以此为基础努力学习的重要性的情况。

（4）教师在课堂上采取某项教学活动提高学生语言能力意图的情况。

（5）课堂上是否能跟上教师教学进度的情况。

（6）自己预习时解决的问题与教师的讲解印证的情况。

（7）自己预习时未解决的问题在课中教师讲解的情况等。

3．学后反思

学后反思，即学生在课后对自己的学习效果进行反思、评价和监控。具体而言，学后反思主要包括以下方面。

（1）对学习策略的了解情况。

（2）是否有意识使用有效听力策略、交际策略、阅读策略和写作策略以及对这几种策略的监控情况。

（3）在课外学习英语、运用英语的情况。

（4）对不利于英语学习的情感因素进行克服的情况。

（5）利用已有学习资源的情况。

（6）将新学的知识运用于语言实践的情况。

（7）与他人合作学习的情况。

（8）在英语学习中能否意识到自身错误的情况。

（9）在意识到错误的同时能否找到原因，并对错误进行相应更正的情况。

（10）能否选择行之有效的学习途径使自己成为一个更好的语言学习者。

（11）在完成某项语言任务过程中能否同步检测自己预先制定计划完成的情况。

（12）在完成某项语言任务过程中能否检查并更新自己对前面知识理解的情况等。

（三）反思性学习的实施步骤

反思性学习的实施可通过以下步骤来完成。

1．规划与监控

在反思性学习中，学生首先要对自己的英语学习进行规划，即通过审视自己的学习目的、内容、方式及其环境来制定适合自己的学习计划，并且保证该计划符合自己的学习方式。此后，学生开始进行学习。但在学习的开始，学生就要对自己的学习进行严格的监控和调节，并对自己的学习计划进行反思，建立一个良好的开端。当然，计划与真实的学习行为之间存在一定差距，只有进行了预先的计划，学生才能有明确的方向，但是能否将计划付诸行动就需要使用切实可行的学习方式，更需要强有力的监督机制。

2．省思与评价

在一段时间的学习后，学生必然会收获一定的学习成果。从传统意义上而言，该学习过程已经结束。但是对于反思性学习而言，这其实才刚刚进入第二个阶段。这是因为在反思性学习过程中，学生关注的不仅是学习结果，还包含学习过程。通过对学习结果与过程进行反思，学生可以诊断出问题所在，具体包含以下步骤。

（1）学生具有问题意识，就会在内心产生一种困惑、怀疑的感受，并有决心试图对其进行改变。

（2）当学生意识到问题之后，就会主动进行反思，并找出问题的原因。

（3）学生广泛搜集关于自己活动的信息，并分析与之相关的经验，用批判的眼光来加以审视。通过分析，学生自己发现这些问题的原因，并及时进行记录。

（4）找出问题的原因之后，学生要寻求解决的方法，发现更有效的学习策略。

（5）学生对这些经验和教训进行总结，寻求补救的措施。

3. 调节与补救

当学生通过自我反思和评价发现自己学习过程和结果仍存在明显的不完善之处后，就需要对这些不完善的地方进行调整。根据反思所得到的问题原因资料、分析的资料以及提出的补救措施，重新调整自己的学习计划，并制定更具有针对性的学习方法和策略。当对这些问题进行改进后，才能进入下一环节的学习。

4. 建构与发展

在自我建构的过程中，学生体验到了成功的喜悦，不断总结经验、深化拓展，构建新的知识结构，有利于促进其自身的发展。

第四节　信息化时代高校英语教学评价创新

一、信息化时代高校英语教学的档案评价法

建立学生档案是目前最受教育研究者青睐的一种教学评价方式，也是形成性评价的一种重要方式。学生档案犹如学生的信用一样，对学生在学校期间的表现甚至对学生毕业以后的发展都有着重要的影响。

（一）学生学习档案的形式

档案是组织或个人在以往的社会实践中直接形成的清晰的、确定的、具有完整记录作用的固化信息。"学生的档案是涉及学生学习情况的档案，它是根据教育教学目标，有意识地将各种有关学生表现的作品及其他证据收集起来，并进行合理的分析与解释，反映学

生在学习过程中的优势和不足，并通过学生的反思与改进，促使学生取得更高的学习成就[①]。"作为对学生进行评价的一个重要工具，档案评价可以将课程与教学同评价结合起来，融入日常的教学活动中。学生的学习档案袋一般有以下两种形式：

（1）课堂记录卡。课堂记录卡可将在课堂中发生的事情如实记录下来，客观地描述学生在课堂上的表现，一般由学生自己填写，并标明具体时间，然后收集在学生档案袋里。课堂记录卡收录的主要内容是学生在课堂学习中的情况，它可以帮助学生及时了解自身的学习过程和学习方式。

（2）个人作品档案袋。作为学生档案的另一种表现形式，个人作品档案袋可以收录学生在学习过程中通过各种形式的实践活动所获得的收获和成果，以便师生及时了解。作品档案袋的内容灵活多样，可以是学生撰写的优秀小论文、获奖证书，也可以是他人的评价以及自我评价结果等。此外，还可以将学生录音、照片/画、与同学的合作项目等收录到个人作品档案袋中。

（二）收集学生档案的方式

学习档案材料的收集方式有以下方面。

（1）制定总计划。教师首先应该在新学年的开始阶段制定一个总计划，例如，使用学生学习档案的最终目的是什么，要收集哪些材料以及由谁来收集。明确这些问题后，收集资料的活动就会变得容易很多。由于收集资料需要一个漫长的过程，教师要培养学生的学习习惯，收集他们所有有关学习情况的东西，并收录在学生学习档案。

（2）确定收集资料。制作学生学习档案时，收集资料的困难在于选择收集哪些资料。因此，学生应该先学会如何整理挑选出合适的资料放进学生学习档案，通常教师会以学生的口头讨论开始。学生进行口头讨论时，教师要将学生谈到的问题进行归纳总结，然后学生参照教师提供的优秀作业的标准和样本进行讨论，并反思彼此的作业。当学生掌握用现成的标准去评定自己的作业后，再转向笔头反思，有助于学生从评价中学习，了解自身的优点和不足。同时，教师也能知道学生对自己作业的看法，教师应及时提示与引导学生的误解。当学生有能力判断他们的作品并且收集了一定数量的作品后，他们就可以将挑选出来的作品收集到学生学习档案里。如果要学生建立一个写作档案，就需要选择如下项目。

1）一篇重要的文章，并说明选这篇作品的原因以及完成的过程和感受。

[①] 吕文丽，庞志芬，赵欣敏. 信息化时代下的大学英语教学改革探索 [M]. 长春：吉林大学出版社，2018：275.

2）一篇满意的文章和一篇不满意的文章，并说明对两篇文章的思考，如果学生愿意还可以再加上对不满意作品的改进意见。

3）一篇文章的写作过程。

4）随便选一篇文章以及选它的理由。

（三）制作学习档案的方法

学生的学习档案可以帮助学生清楚地看到在学习方面的进步与不足，从而增强学生的自主学习意识，在学习过程中不断总结经验教训，以不断完善自身的学习方法，提高学习效率。学习档案的制作方法包含以下方面。

（1）读书笔记的制作方法。读书笔记是学生对所读书籍、文章的随时记录，坚持记录读书笔记有助于学生养成认真思考的习惯。教学过程中，教师可以鼓励学生就所读内容发表看法。这不仅有助于学生了解文章、书籍的内容，培养良好的读书习惯，同时也有助于学生锻炼写作能力。

（2）阅读/写作档案的制作方法。每份档案都应包括要求的项目（required contents）、任意选择的项目（optional contents）以及评论（comments）。

（3）学生学习档案总结表的制作方法。学生学习档案总结表上通常包括：学生姓名；老师姓名；日期；学校名称；要求的项目，例如，阅读范例、阅读策略/写作范例、学生自评等；任选项目，例如，所读书单、内容摘要和评论、阅读成绩等。

（四）完成学习档案的评价

完成学生学习档案的制作以后，应检查学生所选项目是否符合档案要求，并对其进行评价。教师可以利用学习档案评价表评价学生的成长学习记录，检查学生所选项目是否符合学生成长记录档案的要求，并对其做出评价。此外，在评价学生学习档案时应注意以下方面：档案是否整洁易读；档案中是否有具体范例；档案中材料的组织是否合理；档案中的材料是否清楚明了；档案是否能够体现不同课程之间的联系；档案的具体内容是否能够清晰、全面地反映学生某一个阶段的学习成果。

二、信息化时代高校英语教学的自我评价法

自我评价主要指学生的自我评价，这种方法鼓励学生为自己的学习负责，勇于对学习过程中出现的问题进行思考，直观地看到自己取得的成绩以及需要提高的地方。教师通过

与学生讨论他们的自评实施的过程与结果，可以使学生对学习成果的态度有深入的了解，也能使学生对自我学习情况有清楚的认识。学生自我评价有以下形式。

（一）学生自评表

学生自评表的运用对提高教学评价的效率起着促进的作用，而且操作起来也比较方便且省时，只须在课堂教学活动结束之时发给学生即可。自我评价表是终结性评价的重要手段，它能够检测出学生在一段时间学习后的效果，为日后的学习指明方向。

（二）自我学习监控表

学生自我学习监控表主要用于监控学生的学习行为，而且在英语教学的任何一个单元的学习过程中，都可以使用该方法。自我学习监控表的操作步骤有以下方面。

（1）介绍使用方法。学习监控表在使用前，教师应该向学生介绍该方法的用途和操作方式，也可以在每一个单元学习之前都对该表的使用方法进行介绍，以确保学生有效地对其进行应用。

（2）设置完成目标。在开始学习一个单元之前，学生首先根据自己的实际情况自行选择想达到的等级，在活动一栏中标明需要完成的活动，需要注意的是，学生在计划时，一定要保证这些活动能为他们取得足够的分数；其次学生在学习过程中参照预先制定的目标，在完成活动的过程中及时标注进度，这样可以为今后的学习行为调整做参考；最后，监控表中的目标完成的过程是学生的自主行为，教师需要做的是时常提醒学生检查自己目标达成的情况，为学生调整下一步的行为做适当的建议与指导。

（三）自我提问单

自我提问单可以使学生养成自主学习的好习惯，同时还可以监控学生对各种学习策略的使用。

三、信息化时代高校英语教学的同伴评价法

在同伴评价中，沟通技能和合作技能对评价的结果影响很大。在采用这一评价方式时，教师需要采取一定的策略来落实，因为同学之间彼此信任和真诚的互相评价需要通过长时间的培养。但是同伴评价也并不一定要操作得复杂，可以通过简单的活动来实施。例如，设计活动让学生分组来完成一项任务，鼓励每个成员都积极参与，奉献自己的聪明才

智，共同完成任务；在活动结束后，作为成员，都要对自己和他人的贡献做出评价。当然，这种评价并不是盲目进行的，有时也要遵循一定的规则，例如，大家根据事实谈自己的观点或发表评论，而非完全根据个人主观偏见或好恶来评论。具体的方法例如，让五个学生评价某个学生，每一个评价者都为某个学生的课堂表现写评语，在评价时规定要把重点放在学生的优点以及改进的建议上；被评价的学生将根据同学和老师的评语进行反思，并写总结以确定自己的改进目标。

当一段学习结束之后，通过同伴评价，学习者可以交流学习经验，沟通学习上的不足。同伴评价式的终结性评价同时也是培养班级凝聚力的重要方式。

四、信息化时代高校英语教学的研讨评价法

研讨评价法将学生参与课堂活动的表现纳入其表现评价的内容中，根本目的在于让学生学会更有效地思考，并为自己的见解提出证据，它体现了课程、教学与评价的整合。

研讨评价法的实施方式很多，它既可以成为学生学业的展示，也可以成为课堂评价的一部分，还可以成为结业作业的展示。无论采用哪种方式，教师都必须明确设计一套巧妙的问题和合理的评价准则。研讨式评价对教师所提出的问题以及教师本身有着较高的要求，因此这种评价方法目前主要适用于对学生学业成绩的评价。研讨式评价的操作步骤是：第一，明确教学目标；第二，选定研讨采用的文本；第三，教师提出起始问题；第四，选择记录研讨过程的方式或设计简明的记录表；第五，以多种方式完成评价。

研讨评价法是一种有效的评价方法，它提供了课程和教学改革的一个新思路，即把课程、教学和评价结合成为一个有机整体，这种思路也是当前其他各种质性的评价方法的一个共同的发展趋势。

五、信息化时代高校英语教学的其他常见评价法

上述方法主要是针对学生的表现进行评价，其他还有高校英语教学评价中常用的方法，部分方法可以用来评价学生，其他部分方法既可以用来评价学生，也可以用来评价教师。

（一）调查法

调查法既可以用于评价学生多个学业，也可以用于评价教师的授课质量，其方式主要包括问卷和访谈。调查法适于了解特定教师在一段时间内的教学情况，多用于专门鉴定教师综合教学水平的管理性评价。

（二）分析法

分析法是通过对教学工作进行定性分析来评定教师授课质量的，一般不设置专门的评价标准，而是依靠测评人员的学识和经验进行评价。分析法可以分为他评和自评两种方式，其评价结果以定性描述为主。

分析法的优点在于简便易行，能够突出主题或主要特征；不足在于容易受到主观因素的影响，规范性差。因此，分析法适合以改进教学工作为直接目的的日常教师授课评价，而不宜用于规范的管理型的教师授课质量评价。

（三）座谈法

座谈包括与学生的个别交谈和组织学生开展的学生会议。例如，在项目学习过程中，教师可以定期召开学生会议，通过小组汇报项目开展情况、小组讨论来完善项目操作。与一般的座谈不同的是，这种学生会议的目的不是了解学生的学习压力和困难，而是通过开展学生会议监控项目学习、评价项目学习，从而通过项目学习促进学生的发展。

（四）综合量表评价法

量表是一种比较有效的评价工具，量表的使用使评价更加公平、可靠，可以节约时间，诊断学生的优势与不足。综合量表评价法可以用来评价教师的教学活动，它十分注重教学活动的具体分解、对信息化处理和将标准进行统一，因而是一种比较精细的数量化的评价方法。此外，它具有标准具体化、结果准确率高、评价人员主观干扰较少的特点。

综合量表评价法还可以用来评价学生。例如，写作评价量表既可以帮助学生反思自己的写作学习，又可以为教师安排下一次写作教学提供依据。

（五）电子化评价法

基于信息化开展的电子化评价是随着计算机和互联网技术发展起来的一种评价方法。由于计算机具有运算速度快、自动化程度高、信息吞吐量大的优点，将教学评价和信息化网络相结合具有很大的优势：简化评价的操作，提高评价的效率和效度；使过程评价的理念得以贯彻落实，解决过程评价中出现的一系列问题等。信息化网络的普及为电子化教学评价的发展和完善起到了极大的促进作用。

第六章 信息化时代高校英语教学的实践研究

第一节 信息化时代高校英语教学的资源建设

信息资源是人类社会认识世界和改造世界的精神产物，它凝聚了人类的智慧成果。在一定条件下，信息资源的创造者享有知识产权，它具有商品的属性，可以销售、贸易和交换。但是，就信息资源的共享性特征来看，信息和知识一旦物化为信息资源，并通过一定方式供人们交流和传播时，它就自然变成了人类社会共享的精神财富、共享的社会财富，任何人无权全部或永久买下信息的使用权，信息资源就可以被人们反复利用、复制、传递和再生，为经济建设和社会进步服务。

随着社会全面信息化和知识经济时代的来临，信息资源对促进国民经济和社会发展的作用日益明显。人们应该充分认识信息资源对国家和民族的发展、对工作和生活的至关重要性，重视信息资源的开发和利用，把它作为国民经济和社会发展的重要战略资源来对待，把它作为整个社会信息化体系的核心内容来建设，使信息资源真正成为社会发展最重要的推动力量。

一、信息化教学资源的类型

根据不同的标准将教学资源分为教学资料、支持系统和教学环境三个方面：第一，教学资料。教学资料中蕴含了大量的教育信息，能创造出一定教育价值的各类信息资源。信息化教学资料指的是以数字形态存在的教学材料，包括学生和教师在学习与教学过程中所需要的各种数字化的素材、教学软件、补充材料等。第二，支持系统。支持系统主要指支持学生有效学习的内外部条件，包括学习设备的支持、信息的支持、人员的支持等。支持系统作为资源的内容对象与学生沟通的途径，实现了媒介的功能，它与资源组成的构成关联，是认识学习资源概念的结构性视角。第三，教学环境。教学环境不仅指教学过程发生的地点，更重要的是指学生与教学材料、支持系统之间在交流的过程中形成的氛围，主要特征在于交互方式以及由此带来的交流效果。教学环境是学生运用资源开展学习的具体情境，体现了资源组成要素之间的相互作用，是认识学习资源概念的关系性视角。

"信息化教学资源属于信息资源的范畴，是从狭义理解上的一种特殊的信息资源，是经过选取、组织、使之有序化，适合学生自身发展的有用信息的集合，主要指蕴含了大量的教育信息、能创造出一定的教育价值、以数字信号的形式在网络上进行传输的信息资源。"[①] 学习资源提供给学生使用，能帮助和促进他们学习。教学资源的要素可以单独使用，也可以由学生将它们合起来使用。在信息化时代，信息化网络几乎成为最主要的信息来源，然而，教育信息资源相对于其他信息仅占一小部分，这一小部分的信息资源相对于教育的需要而言已经很多了。将教育信息资源分为以下方面。

（一）资源形态性

针对以信息技术为载体的教学资源而言，从形态化视角看，将网上的教育信息资源划分为以下方面。

1. 电子书籍

如今网上电子书籍的类型主要有名家的经典著作、网络畅销书等，电子书籍通常是免费的。随着读者越来越多地利用网上资源以及相应的有关版权问题，部分电子书开始实行收费制度。

2. 电子期刊

电子期刊主要包括电子报纸、电子杂志和期刊、电子新闻和信息服务等，电子期刊已逐步成为主要的网上信息资源。由于电子期刊方便查找和阅读，其需求量也越来越大，内容基本与印刷期刊的内容相同。一般情况下，学科专刊的电子期刊均实行收费制度的网上数据库，网上有各种各样的数据库，如图书馆目录、专门用途的数据库和地址簿等，前两种可以用于教育。数据库的界面设计非常人性化，使用起来十分便捷。

3. 虚拟图书馆

虚拟图书馆是一个比较广泛的概念，泛指各种有组织的网上信息库。例如，清华大学虚拟图书馆、万维网虚拟图书馆等，这些属于比较严肃的学术和科研机构建立的网上信息

---

① 唐君. 高校英语信息化教学研究 [M]. 北京：中国国际广播出版社，2018：130.

库。信息库广泛收集网络上的学术作品和相关网站地址,按一定规则进行分类编目,有的用超文本建立索引,有的用关键词检索等。此类虚拟图书馆由于有专业人员对信息进行筛选和组织,信息质量比较高,具有很高的参考价值。

4. 电子百科全书

电子百科全书(包括电子辞书)是近些年才开始发展起来的,最著名的百科全书《大英百科全书》。电子百科全书的优点是基于超文本设计,易于浏览查询,同时它也存在一定的局限性,尤其是在照片和其他的多媒体元素方面,随着信息技术的发展,电子百科全书正在克服这些不足,提供更广泛及时的信息(包括三维动画、声音和视频等)。

5. 教育网站

一些与网络相连的教育机构逐渐开始发布教育数据资源,例如,用于课堂教学的附加材料、学生的论文,或者完整的网上课程,教育站点的内容通常教育的所有方面。教师为了上课的需要,可以利用主要的搜索引擎,通过选择恰当的目录或关键字进行信息搜索。大部分市教育局均建立了教育信息网,通常这些由市教育局建立的教育信息网都是公开且免费的,其中学科教育资源的内容十分丰富,既有供教师使用的教育教学资源,也有供学生阅读的学科资源;既有以文本的形式出现的内容,也有以视频的形式出现的资料。

6. 电子新闻组

这些基于电子邮件的讨论列表是根据不同的用户感兴趣的主题,逐级组织起来的。利用新闻组,学生可以同世界各地的用户交换信息。新闻组的规模有大有小,教师在为学生推荐个人新闻组时应从实际出发。

7. 虚拟软件库

虚拟软件库专门收集免费软件(Freeware)、共享软件(Shareware),可供教师和学生自由下载使用,但共享软件对使用期限有一定限制。

(二)结构优良性

针对以信息技术为载体的教学资源而言,从结构化视角看,将网上的教育信息资源划分为以下方面。

1. 良构化教学资源

良构化教学资源指那些结构良好的数字化教学资源,它们构造规范、组织清晰,利用元数据进行归档管理,便于检索和利用。例如,CAI(计算机辅助教育)教学课件、学术论文或者是一些有研究价值的试题等，这些资源大部分结构良好，不可直接修改，而且格式规范，存放有序。

2. 劣构化教学资源

劣构化教学资源指那些离散、片段、格式不一的数字化教学资源信息，它们的结构形态低劣或不完善、无序化。网络上的劣构化教学资源非常繁杂，例如，教师的教学反思、教学案例等。这些资源大多是记录课堂教学的一个片段，没有统一的格式，内容比较零散，细节也不完善。

3. 半结构化（适构）教学资源

半结构化（适构）教学资源指介于良构与劣构资源之间的其他数字化教学资源。随着教学资源的开发，半结构化的教学资源深受一线教师的喜爱。这些教学资源大多是以一定的形式有序地组织起来，学习者（如一线教师）能在学习其优点的基础上，进一步完善，并促进自身专业的发展。

无论是良构化教学资源、劣构化教学资源还是半结构教学资源，均对教学资源的开发和使用起到积极的作用。结构化的教学资源一般具有较高的研究价值，方便各地教育者和受教育者使用，但其适应性不会很强；而劣构化教学资源对学习者提出更高的要求，学习者首先必须有自己的观点，并带着借鉴和批判的心态进行学习研究，取其精华，去其糟粕；而对于半结构的教学资源，学习者可结合半结构的特点，根据自己的经验对其进行修改和完善，最后使其成为适合使用的教学资源，修改和完善的过程也能够提高教育者的能力水平。从教师专业发展的情况来看，半结构化的教学资源对于促进教师专业发展具有极大的作用。

（三）内容相关度

针对以信息技术为载体的教学资源而言，从内容相关角度看，将网上的教育信息资源划分为以下方面。第一，内容特定的教学资源，根据具体课程教学内容而特定设计的资源，如试卷、练习等，它们通常针对明确的教学目标而设计开发。第二，内容相关的教学资源。内容与课程有部分关系的资源，如电子读物；内容与课程有间接关系的资源，如应用软件；包含课程之外的大量拓展内容，如电子百科。第三，内容自由的教学资源，实际上是一些用于支持普通学习活动的原始资源素材和工具性软件，主要包括原始素材、内容开放型网页等。

在实际教学活动中，各种信息化教学资源都得到了不同层次的运用，尤其是良构维度的教学资源，这一维度的教学资源的明显优势是使用方便、操作简单、效果明显，因此在教学活动中频繁出现。

二、高校英语教学资源建设的优点与原则

教学资源是课程内部的构成要素和运作条件，它不断地为课程及课程实施提供必要的物质、能量和信息，是课程和课程实施的坚实基础和重要保障。课程实施的范围和水平，不但取决于教学资源的丰富程度和拓展广度，更取决于教学资源的开发水平和利用率。宽阔而开放的教学资源根基，才能出现动态生成的现代课程。

（一）高校英语教学资源建设的优点

1. 促进教师更新教育观念

广义的教学资源概念带来了全新的课程理念，教材不再是整个教学活动的中心，教师对学生的评价也不再以学生是否掌握了书本内容为准，而是基于整个教学活动的课程目标完成情况。全新的教学模式和评价标准无论是对教师还是对学生而言，都是一种挑战。对教师而言，整个教学设计过程和实施都围绕教学活动是否有助于课程目标的完成，除了关注是否完成了教材上的教学内容外，更要思考如何高效开发高校英语教学资源，培养学生的自主学习能力，引导学生完成课程目标；对学生而言，需要考虑的是在整个学习过程中学会了做什么，而不单单是考虑是否已掌握书本上的知识等。

2. 提高教师专业技能水平

接受新教学资源观熏陶的高校英语教师，会紧跟时代发展的要求，更新自己的知识结构，不断加强对教学内容、教学活动设计、课堂组织模式、课堂评价方式等的反思，以改进自己的教学。同时，高校英语教学资源的不断丰富，使学生的自主学习成为可能，兴趣和爱好驱动着学生对教材进行深度理解的同时，不断拓展知识面，将课堂上所学到的知识应用于实践之中，使英语语言应用能力得到迅速提高。学生高校英语学习的成功迫使教师加大投入，深刻理解教材，研究语言学习规律，强化语言教学策略，以提升自己的综合素质，更好地服务于教学。

3. 加强培养学生综合素质

传统的高校英语教材旨在帮助学生加强英语基本功建设，不管是文章的体裁、选材的主题、选材的长度，还是课文的难度，都是面向大众化学生，不会过多关注学校与学校间学生的英语水平差异、同一学校间学生的专业差异、学生个体的学习需求等因素。丰富

的、个性化的教学资源的开发和利用，不仅是对原有教材内容的补充，也构成了第二课堂，与第一课堂开展联动，形成良好的学习氛围，拓宽学生视野，激发学生的学习兴趣，最终促进学生思想、品德、行为、知识、能力和人格的全面发展。

4. 丰富高校英语课程开发

高校英语教学资源种类繁多，开发和利用过程中必须进行有序化管理。系统的高校英语教学资源建设工作量较大，需要分工协作。由于该项工作能推进高校英语教师的专业化发展，教师们的付出能提高教学质量，不断地去深化这项工作，最终积累的资料越来越丰富，将这些教学资源经过整理、加工、补充和完善，也可能会形成新的高校英语选修课。

5. 培养学生自主学习能力

高校英语教学资源的开发与利用，主要以课程目标的达成为根本出发点，以学生身心的完整和谐发展为终极目的。传统的教学将学生局限在课堂这一特定的场所，教学资源以教材为主，没有充分唤起学生的学习积极性、主动性和创造性。在新教学资源观下的高校英语学习模式中，学生学习的时空范围得以扩展，可随意选择丰富多彩、形声具备、图文并茂的教学资源。学生成了学习的主体，他们自己决定英语学习的内容、时间、场所、进度、节奏以及学习质量的监控。从根本上改变了以往师生单向的知识传递方式，把"要我学好英语"转变成"我要学好英语"，形成了多方位的、多元化的自主学习渠道。

6. 贯彻形成性评估的实施

检查课程建设是否达到预期目标需要以评估作为基本手段，因此，对课程进行全面、客观、科学和准确的评估对实现课程目标至关重要，它既是教师获取教学反馈信息、改进教学管理、保证教学质量的重要依据，也是学生调整学习策略、改进学习方法、提高学习效率的有效手段。长期以来，高校英语课程教学评估主要依靠终结性评估，注重结果，较少关注形成性评估，忽视学习过程，高校英语教师应加重形成性评估在课程评价中的分量。新的高校英语教学资源观不但改变了学生的学习模式，而且更新了高校英语教师和相关管理部门的教育观念，通过课堂活动和课外活动记录、网上自学记录、学习档案记录、访谈和座谈等形式，确保教师对学生学习过程进行观察、评估和监督，为实施形成性评估奠定坚实的基础。

（二）高校英语教学资源建设的原则

高校英语课程资源建设是辅助高校英语教学的重要举措，是学生开展个性化学习的前提。在建设过程坚持的原则有以下方面。

1. "学生为中心"原则

高校英语课程资源的建设都是围绕学生的英语学习动机和兴趣而开展的，为学生创造良好的学习氛围，为学生努力学好英语奠定基础。因此，无论是资源建设的决策和规划阶段，还是实施、检查和改进阶段，都要以学生的实际需求为出发点，不但要关注学生的知识类资源，还要关注情绪类资源、问题类资源、错误类资源、差异类资源和兴趣类资源；尽可能让学生成为学习的绝对中心，成为知识意义的主动建构者；确保教材所提供的知识不再是教师传授的内容，而是学生主动建构意义的对象，媒体也不再是帮助教师传授知识的手段与方法，而是用来创设情境、进行协作学习和会话交流，即作为学生主动学习、协作式探索的认知工具。

2. 开放性原则

高校英语课程资源建设是一项长期的、系统的积累工作，随着教学改革的不断深入、社会的不断进步和教师专业化发展，已有的课程资源得到更新，新的课程资源得到添加，确保了课程的正常运转。在资源建设过程中，建设者要以开放的心态对待人类创造的所有文明成果，以开放的目光审视周围的事物，开放性原则包括类型的开放性和空间的开放性。类型的开放性指不管课程资源以什么类型存在，只要有利于教育教学，都可以加以开发利用；空间的开放性指课程资源的地域性差异，不管它们是校内或校外、国内或国外，只要能有益于学生知识积累、能力发展、技能提高，都可以加以开发和利用。知识经济是世界一体化的经济，资源的开放性原则是从地区到全球、从微观到宏观、从局部到整体，在不同层次上都要确定的一种基本原则。

3. 前瞻性原则

高校英语课程资源的开发与利用是与学生需求紧密相连的，受现有的课程和现实社会的实际需求推动。但从发展的角度来看，课程资源建设还要与未来社会的发展联系起来。只有这样，才能够帮助学生更好地把握未来社会的一些发展趋势。因此，建设者要具有前瞻性思维，密切关注社会的发展动态，注意吸收当前重要的、有影响力的、处于科技前沿的一些素材。在此基础上开发出对学生真正有用的课程资源，对学生加以引导，让他们逐步接受这些新东西，为学生以后的终身学习与可持续发展打下坚实的基础。

4. 经济性原则

在高校英语课程资源开发中，要用尽量少的投入开发最大量的课程资源，即实现低投入、高产出。经济性原则涉及经费、时间、空间和学习四个方面。经费的经济性指花较少的钱开发出可以服务于学生的高校英语课程资源，例如，从互联网上提取本校可以使用的英语资源；时间的经济性原则指立足于现实，开发那些适于当前高校英语教学的课程资源，不能等待更好的时机，否则就错过了最佳学习期；空间的经济性原则是指能就地开发的，就不要舍近求远，同时也指课程网站的容量；学习的经济性主要指以兴趣为导向，开发那些能激发学生学习积极性的课程资源。

5. 规范性原则

随着高校英语教学改革的不断深入，日渐突出了学生在课程学习和资源利用方面的主体地位。学生是知识的建构者，用什么资源，以及怎么用的问题主要由他们自己决定。传统模式下，教师、学生和课程资源，教师起着主导作用。而现在不管是师生间的互动、学生间的互动，还是学生和资源间的互动，教师不再是权威，只是引导者和参与者，学生都起着主导性作用。涉及与资源互动时，由于学生自身水平有限，社会阅历不多，对资源中的某些瑕疵，甚至是错误可能鉴别不出来，可能出现摄入错误的内容。因此，建设课程教学资源时，建设的内容一定要经教师严格审核和把关，确保资源的规范性、客观性和科学性，确保资源没有观点和语言层面上的错误，不会误导学生或让学生产生歧义。

6. 适应性原则

内容丰富、形式多样的网络资源为开发高校英语课程建设提供了便利的同时，也给开发和利用带来了一定的难度。建设高校英语课程资源的目的是更好地服务于高校英语教学，无论在内容还是功能上都要充分考虑教育的需求，要遵循适应性原则，使教师、学生和其他教育工作者能方便及时地获取所需信息，实现资源的利用价值。因此，在筛选资源时，建设者必须了解用户需求，进行需求分析，即结合实际情况，从更加专业的角度对用户提供的需求信息进行科学的分析和表述，确定用户的需求热点和需求方向，做到量身定做。适应性原则在高校英语教学中体现为要依据学生语言水平确定语言内容，依据学生年龄特征确定资源形式，依据学生认知基础选择资源范围，依据教学与学习需要确定开发主题，除此之外，高校英语课程资源建设不但要考虑学生的共性情况，还要考虑特定学生的具体特殊情况。

7. 优先性原则

社会的快速发展，科技的突飞猛进，使学生需要学习的内容日益增多。同时，知识更新速度加快，更新的周期缩短，使学生的学习远非学校教育所能包揽。很多知识都需要在社会中学习，在与他人的交流过程中抓住机会充实自己。因此，高校英语课程资源开发和利用时，必须在可能的课程资源范围内和充分考虑成本的前提下突出重点，优先开发学生迫切需要的、能直接服务于学生的课程资源。

三、高校英语教学资源优化应用策略

教学资源的多维度分类说明了教学资源的不同种类与存在方式、范围，进一步地证明教学资源建设的丰富性与灵活性，表明教学资源建设可采用多元化的策略。

（一）以教材为取向的教学资源建设策略

目前，出版高校英语通用教材的一般都是国内知名出版社，例如高等教育出版社、外语教学与研究出版社、上海外语教育出版社、清华大学出版社、复旦大学出版社。这些出版社具有多年高校英语通用教材的出版经验，拥有强大的教材编写队伍，除了推出纸质版学生教材，还推出了配套的教师用书、学生练习册及答案、教师教学光盘，可以说对教师教学帮助极大。由于这些通用教材面向全国学生发行，不可能适合于所有学校所有学生，何况编写人员对《大学英语课程教学要求》有着不同的理解，选材也有着不同的偏好，而各学校有着不同的人才培养方案，因此，尽管这些知名出版社推出的教材本身已是经过筛选的教学资源，但是教师实施教学前还要充分调研本校学生的英语水平、学习动机、学习策略、学习方式、学习目标、学习计划，在此基础上对教材进行二次加工，透彻把握教材的重点、难点，将教材内容变为有利于学生发展的教学内容，寻找书本知识与现实生活和学生实际的联系，使教材的价值在教师的创造性使用过程中得到体现。

同时，教材的内容因人的知识结构和社会阅历不同，而存在不同的解释方式，同样一篇课文，非英语专业一、二、三、四年级的学生会有完全不同的理解，如果要他们在教师的帮助下对这篇课文进行深度挖掘，他们对教师提出的要求也会不同。因此，为了便于学生的自主学习，教师就要全方位地对教材进行加工、补充和拓展，衍生出大量的高校英语教学资源，辅助学生实现个性化学习。

教师在处理教材时，应将以下方面作为目标：第一，内容结构化。力争建立要素明确、联结性强、概括性高、派生性强、亲和力大的知识结构，以利于学生自主处理信息，形成概念图式。第二，内容问题化。根据学生的心理发展特点确立学习层次，以有限知识点构建问题序列，采用"问题加解决方法"的模式，培养学生分析问题、解决问题的能力。第三，内容经验化。尽量发掘和利用贴近学生、社会与现实生活的素材，使材料回归生活，实现教材由"素材文本"向"生成文本"的转化，注重体验学习。

（二）以学生为取向的教学资源建设策略

高校的四大功能之一是教学，是为了培养适应国家建设的接班人和栋梁之材，所以一切教育教学活动的中心都应该是学生。高校英语教学资源建设中，以学生为取向的建设策略也显得异常重要。以学生为取向的建设策略主要涉及以下方面。

1. 关注"知识类资源"

克拉申的"i+1输入理论"强调，现有水平在知识摄取中起到重要作用。教师设计的教学目标、选择的教学内容、安排的教学活动、实施的教学方法、采取的教学评估手段，都要以学生的真实水平为基础，采用适当拔高的原则，确保能让学生努力就会实现学习目标，而不是一次次令学生遭受失去学习英语兴趣的挫折。为了辅助这样的教学，教师应开发出相应的课程教学资源，帮助学生构建和完善自己的知识体系。

2. 关注"情绪类资源"

学生的情绪类资源是学生学习的动力系统，主要包括学生学习的兴趣、爱好、动机、态度、信心、情感、焦虑、个性、习惯等。这些非智力因素虽然不直接参加知识的认知和建构，但对学习活动有着启动、导向、维持和强化作用，极大地影响着学习活动的效果。教学资源建设的目标之一应该让学生在学习过程中体验到成功，增强学生学好英语的信心，激发他们继续学习的积极性。

3. 关注"问题类资源"

教学以学生获取知识和技能为目的，在实现这一目的的过程中，师生不断重复着"引发问题—提出问题—解决问题—引发新问题—提出新问题—解决新问题"这一循环。那些好奇心强、求知欲强的学生不但加快了自己积累知识、强化技能的步伐，还通过提问扩大了老师的教学内容，让老师去思考新的教学点，去重新组织教学活动。这些问题是教学资源开发的源泉，解决对策是教学经验的积累和创新思维的结晶。问题与解决对策强化了师生互动，加深了师生对文本的深刻理解。

4. 关注"错误类资源"

外语是工具、是技能、是媒介、是行为，需要教师创设大量的语言使用场景，才能培养学生的外语能力。这种能力包括寻找信息、处理和交换信息、处理关系、处理矛盾等语言交际能力，以及主动学习、自我发展、可持续发展等语言学习能力。这种实践论观点对英语学习具有极大的指导价值。错误的潜在价值表现在三个方面：第一，错误是有价值的反面材料；第二，错误给人们提出了新的认识课题，让人们去思考、去探究；第三，因为错误是认识过程中的一部分，是不符合客观事实的认识，但在某些方面却可能有合理因素在错误中孕育着真理。

值得注意的是，学生出错时，教师要认真分析错误的来源，讲究纠错策略，在确保不影响学生的情绪和学习积极性的情况下，让学生明白错在哪里，从而把学生引导到正确使用的道路上来。

5. 关注"差异类资源"

不管是提倡人们要和谐相处，还是主张学习英语的氛围要融洽，突出的都是一个字：同，但也不排斥"异"，因为"同"是发展的基础，"异"是发展的动力。学校学生众多，他们的生源地、家庭背景、社会阅历、英语学习的时长等都有较大的差异，为了消除这些差异，学生们相互争论和辩论。在这样的思想交锋过程中，学生丰富和发展了自我，使自己越来越成熟，考虑问题的角度越来越多，也学会了换位思考，增进了融洽相处的技能。课程资源是围绕学生开展的，不可能避开这样的"差异类资源"。

（三）以教学过程为取向的教学资源建设策略

教学活动是教师根据一定的社会要求和学生身心发展的特点，借助一定的教学条件，指导学生主要通过认识教学内容从而认识客观世界，并在此基础之上发展自身的过程。教学过程是一种特殊的认识过程，也是一个促进学生身心发展的过程。在教学过程中，教师有目的、有计划地引导学生能动地进行认识活动，学生调节自己的志趣和情感，循序渐进地掌握文化科学知识和基本技能，以促进自己智力、体力、品德、审美情趣等方面的综合发展，具体的教学过程包括课前、课中和课后。

首先，课前备课时要充分研究教材，根据教材确定每个课时的教学目标和准备采用的教学模式、评价方式等。在准备过程中，教师不能全凭经验，必须查阅大量的材料，寻找大量的辅助材料，对教材进行扩展，以帮助学生深度理解课文内容。其次，在上课时，教师要充分挖掘学生潜力，发挥学生的自主学习能力，教师还必须增加与主题相关、难度适中、阅读性强的扩展材料，供学生在课后学习，拓宽他们的视野。教师精心准备的教学内容是否会被学生接受？在老师营造的教学环境里，师生互动、生生互动、学生与教学材料互动的情况如何？这些都是课堂教学生成的动态性教学资源。最后，课后学生要进行大量的语言实践练习，巩固课堂教学内容。教师从学生的课后实践捕捉到的信息是改进教学的基础。

（四）高校英语信息化教学资源优化策略

1. 信息化背景为高校英语教学带来的机遇

社会发展已经进入了信息化时代，在高校教学中也逐渐使用了信息化技术方法，通过信息化的教学方法，能够为学生创造更精彩的学习环境，并且与大学生的喜好特征保持一致，使学生能够在学习中感受到快乐，以便更高效地学习英语知识。英语学科作为语言类科目，对学生的应用能力要求极为严格，因此语言环境营造对高校学生英语成绩提升是十分重要的。在信息化背景下，教师可以在课堂上搜集一些网络中的英语教学资源，并将其应用在教学环节中，学生可以了解到的英语知识资源不仅仅局限在书本范围内，更能够了解到真实的语言应用案例，并在日常生活中能够灵活应用英语知识。虽然信息化背景下英语教学得到了很大的进步，但在资源应用时如何优化目标仍然是现阶段需解决的问题，只有通过资源优化，才能够在高校英语教学中取得更理想的成绩。

2. 高校英语教学资源优化所面临的挑战

（1）数量急剧增长，载体形式多样。英语教学资源正在快速增多，难以在短时间内达到载体与资源相平衡的状态，多样化的教学资源对于常规英语教学任务开展也是一种全新的挑战。例如，在传统教学方法中是以纸质书本为载体来进行教学的，但受信息化时代背景的影响，载体逐渐变得虚拟化，如果不能掌握这一特征，学生对教学框架理解混乱，影响到最终成绩的提升。

（2）学生参与缺乏，分布广泛分散。信息化教学模式中，教师会充分应用多媒体教学设备，学生通过观看一些教学资源对英语知识有更深入的理解。这一过程中忽略了学生的参与，只是教师单方面的对知识内容进行讲解，虽然在课堂上学生已经理解了知识内容，但经过一段时间后很容易忘记，这样的教学模式并不是最理想化的，忽略学生参与必然会导致教学效果不理想的问题发生，长时间在这样的学习环境下，学生的英语实践应用能力也会下降。

3. 高校英语教学资源优化应用策略

信息化时代更带来了英语教学多样化资源，学生可以有选择性地来判断学习方法，寻找一种适合自己并且高效的学习模式，与教师有关学习内容方面的交流也可以通过网络信息来进行，节省解决问题所用的时间，同时也增进了师生之间的联系。

（1）培养学生主动学习习惯，适应信息化载体。要引导学生明确学习英语学科的重要性，并在日常教学中培养学生的自主学习能力，充分发挥信息化教学模式的先进性，以完成常规教学任务为前提，在此基础上所进行的工作模式创新中，可以充分借鉴传统教学方法中所总结的经验，与多媒体教学技术相互结合，为学生主动学习营造良好的氛围。要将学生作为课堂的主体，发挥教学资源的优势，并规划好课堂结构，这样在英语课堂中所应用的教学资源才能充分发挥效果。

（2）加强课堂交流互动，使学生参与其中。在课堂中可以设置一些互动环节，这样学生在学习阶段可以了解到更多的拓展知识，并真正参与到课堂中，成为课堂教学计划开展的主体。在设计课堂互动环节时，要考虑课堂的整体性，在学生头脑中形成深刻的印象，拓展知识所设计的比例也要保持科学性，使学生能够快速适应信息化课堂。教师不应该单纯地追求学生成绩提升，从而忽略了学习阶段学生的个人感受。信息化背景下所设计的英语课堂教学模式，要将提升学生英语综合应用能力作为前提，优化教学资源的使用效率，并在课堂中尊重学生所提出的意见，这样学生的个人能力才会有稳定的提升。教育资源优化利用需要教育人员的共同参与，以学生为主体进行教学方法的探讨，最终所形成的教学方法应用起来才更加高效，能够在英语课堂中发挥作用。高校英语信息化教学是教育现代化的必然选择，要使信息化高校英语教学资源动态、持续、稳定地发展，必须从教学资源建设、资源共享和保障、数字化校园建设、教学模式转变、师资培训、经费投入等方面共同着手，创建生态化的高校英语教学环境，推进信息技术与高校英语课程的深度融合，创新高校英语教育模式，提高高校英语的教学质量。

四、高校英语数字教学资源库的实施

随着多媒体技术和网络技术的发展和应用，为学校广大师生提供了使用信息技术的机会，有力地推动了信息技术进入课堂、信息技术融入学科教学。但是，由于教学资源的匮乏，影响着信息技术在教学中的应用。高质量的、丰富的、适应教学改革需要的教育资源是当前教育信息化的核心，也是在学科教学中有效应用信息技术的基础。

（一）建设高校英语教学资源库的必要性

数字化教学资源是指已经数字化且在计算机或网络上能运行的多媒体材料。教学信息资源库是在学科教学中有效应用现代信息技术的基础和保证，是发挥硬件功能，促进教学模式改革的基础，是数字化自主学习的关键。语言实验室是外语教学不可或缺的重要组成部分，是训练外语听、说能力的重要教学场所，是外语教学改革和提高外语教学质量的制高点和突破口。为推进基于计算机和网络技术的信息技术在教学中的应用，实现教育手段现代化，提高高等学校的教学质量，各高校纷纷建立起多媒体教室、多媒体语言实验室、电子阅览室、校园网等现代化教学环境。

近年来，各高校在英语教学方面，更新了语言实验室教学系统，扩大了语言实验室规模，将计算机技术与网络技术引入语言教学实验室的建设之中，为在高校英语教学中真正引入信息技术、实现信息技术与高校英语教学的结合、构建新的教学模式奠定了坚实的物质基础。利用信息技术教授英语，在发音、个性化、可操练性等方面都要优于传统方法。但是，使信息技术在教学中发挥作用的是数字化资源。目前学校提供的听力教材仍然是盒式录音带，如果在多媒体语言实验室仍旧使用磁带进行听力教学，根本不能发挥出多媒体语言实验室的功能，不能体现多媒体语言实验室的优越性。另外，高校英语视听课的教学目的之一，就是让学生能听懂并模仿地道的英语。由于没有剪辑与编辑好的突出以视、听、说为教学目的的影视材料，视教学只是简单的教师放映、学生观看这样单向的学习过程，而不是教师、学生、设备相互作用构成的交互的教学过程，达不到培养与提高学生听、说能力的目标。硬件建设与软件建设不同步，严重制约了现代教学设备功能的发挥，达不到预期的教学效果。

因此，要发挥信息技术在大学英语教学中的作用，促进信息技术与高校英语课堂教学的整合，以优化教学过程，提高学生的听、说能力，就必须加快高校英语教学资源库的建设。

（二）建设高校英语教学数字化资源库的原则

建设高校英语教学数字化资源库，是利用现代教育技术，运用教学设计理论，对教学资源进行的一种优化设计，要尽量收集涵盖社会、生活、科学等不同方面的素材，以满足有不同兴趣与爱好学生的需要。高校英语教学数字化资源库的建设，要支持创造性教学和研究性学习，激发教与学两个主体的积极性和创造性，应遵循以下原则。

第一，积件化原则。积件是基于课堂教学提出的，方便教师和学生根据教学需要自己组合运用多媒体教学信息资源的软件系统。根据高校英语听、说教学中需要反复听、练的特点，建立基于知识点片段的听说材料。

第二，适用性原则。一方面，能够为学生提供丰富的语言和文化背景知识，体现英语教学的实用性；另一方面，适合高、中、低不同层次学习对象的需要。

第三，可操作性原则。在技术上应可实现和易于操作，既适合、方便教师授课使用，也适合学生进行自主学习。

第四，趣味性原则。内容生动活泼，能够激发学生的学习兴趣，为学生提供多姿多彩的生活背景和富有情趣的交际情景。如由浙江大学编著、外语教学与研究出版社出版的《新编大学英语自主听力》在每一课的后面都配有与这一课听力主题有关的"Happy Minute"，这是趣味性原则在传统听力教材中的应用。在现代信息技术上使用的数字化听说材料，更应体现这一原则。

第五，共享性原则。实现资源共享，让有限的资源发挥出最大的效益。

（三）建设高校英语教学数字化资源库的途径

1. 数字化高校英语听力教材

听力教材是高校英语教学的主要教学资源，只是它以磁带呈现的存在形式不适于数字化信息技术的要求。因此，数字化高校英语听力教材是建设教学资源库的首要任务。数字化高校英语听力教材，就是把听力材料从磁带转录到计算机中，以音频文件的形式存贮在硬盘或光盘上，是从模拟信号到数字信号的一种转换。在数字化听力材料时，既要考虑到教材的完整性、硬件设备的适应性，也要充分考虑到教师授课与学生进行自主学习的易用性。因此，在进行听力教材数字化时，为了便于课堂教学和学生的个别化学习，根据高校英语听力教学的特点，遵循积件设计思想，细分听力材料，例如，一篇文章或一段对话就保存为一个音频文件。由于听力材料繁多，采用磁盘目录的树形结构来管理这些听力材料，各种用途、各层次班级的教材分别存放在不同的文件夹中。由于材料由电教人员制作，教师使用，故文件夹名及文件名均采用见名知义的命名方法。

2. 丰富教学资源库

从各类音像节目和影视资料中选取并重新编辑除了与教材配套的听力教材外，还要不断丰富教学资源库。英语听说学习的资源非常丰富，如英语歌曲、原声英语电影、英语电视节目等都是很好的学习资料。欣赏英文歌曲有利于激发学生学习英语的动机，提高学生学习英语的兴趣。也可以利用英文歌曲来进行如听写歌词、歌词填空、会话练习等形式的教学。利用影视片段进行教学是英语教学的一种重要且有效的教学形式，在视听中学生进入真实的外语交际环境，通过积极聆听去理解说话人的感受，感知和接收不同文化风俗，与角色共鸣。因此，可利用视频编辑工具软件把影片当中一些经典、简练、精彩、适合教学使用的对白片段剪切下来，教师可利用这些影视片段来进行如给影片配音、让学生模仿角色会话、听写对白等的教学活动；学生则可以自主选听，或边听边跟读，模仿正确的语音、语调，学习正确的语用表达，通过反复练习，纠正自己的错误，提高学会地道英语表达的能力。

3. 购买适宜的英语学习软件

目前，英语学习软件越来越多，可以根据教学需要有选择地购买，丰富的多媒体教学软件，不仅介绍了其他国家文化及生活习惯，让学习者犹如身临其境；还可以进行人机对话，配有大量的练习及答案，较适合用来进行自主学习。

4. 设计、开发制作多媒体语言

实验室强大的教学功能，必须通过多媒体课件这种新的教学手段来体现。购买的学习软件，不一定能符合课堂教学的要求、满足教学需要，还必须由电教人员与教师通力合作，自己设计开发与制作针对性强、能满足教学需要的多媒体课件。例如，提高学生"说"的能力是高校英语教学的难中之难，为激发学生"说"的兴趣，可以把口语化的材料制作成多媒体课件，利用课件学生可以通过模仿发音、计算机录音对比等，来培养与提高自己说英语的能力。

5. 制作英语学习网站、导航网页

从互联网下载可用于教学过程的听说材料，互联网是英语教学资源的宝库，等待开发和充分利用。互联网上有很多针对学生的英语学习网站，可以进行在线听力练习也可以进行在线小测验，还有生动的多媒体课件。许多网站都有很多趣味性强、实用的听说材料。为了让教师与学生能够在繁杂的网络中快速地找到适合自己需要的材料，制作英语学习网站的导航网页十分必要，详细介绍各网站的特点、内容设置等。由于学习网站内容更新快，还应把一些实用的听说材料下载以备后用。

（四）教学数字化资源库的管理、维护以及教学应用

1. 管理与维护

为了保证数字化教学资源的安全性与可靠性、保证教学的正常进行，将资源库存放在服务器中集中管理，只有电教人员才有登录服务器的密码、有对教学资源库进行增删操作的管理与维护权限。在服务器上存放教学材料时，不同类型的教学材料存放在不同的文件夹中，以便于资源库的管理、扩展和使用。可以采用共享目录的方法，使各语言实验室共享服务器上资源库的教学材料，也可以制作网页，把服务器挂靠在校园网上，让广大师生在网上访问、共享资源库。此外，还需要备份资源库，把教学材料刻录到光碟上，以防系统崩溃数据丢失，并制作数字化教学材料的详细目录，以便了解各种数字化教学材料的用

途，并确保教师与学生都知道如何查找和利用材料。

2. 调用资料进行课堂教学

教学应用有了教学数字化资源库，教师可以直接调用资源库的教学资料进行课堂教学。目前，高校通常采用共享目录的方法来让各语言实验室共享服务器中的教学资源。根据高校英语教学的特点，教学平台在"我的电脑"或"Windows 资源管理器"进行即可。由于听说材料都是存贮成数字音频文件或视频文件，制作的多媒体课件可打包成可执行的应用程序，通过文件的"打开方式"将音频文件与安装在教师机上的 Windows Media Player、RealPlayer 等多媒体播放器连接，使用时，双击要使用的文件即可。需暂停、重复听、练习都很方便，无论教师和学生的计算机操作水平是高还是低，都能应用自如。另外，教师也可以利用多媒体网络技术的互动性、开放性，创造性地组织资源库的教学材料，搭建能体现自己个人教学风格和教学方法的课件。

教学数字化资源库使"以学生为中心"的数字化自主学习教学模式得以实现。教师可以根据学生不同的特点，采用灵活多变的教学方法，选择不同的教学内容，对学生进行集体或个别辅导，真正实现了因材施教的原则，弥补了课堂教学信息交流不足的缺陷。有了教学数字化资源库，在课外，学生可以在多媒体网络教室进行自主学习，根据自己的特点，选择适合自己的学习内容，按自己的进度进行学习，弥补高校英语课时少的不足；可以利用教学资源进行自我测试，及时发现学习的薄弱环节，自我调整学习内容和方法；可以通过进行人机会话来解决"开口说"的难题。

通过教学应用的实践证明，建设高校英语教学数字化资源库，在课堂教学中，教师可以充分发挥语言实验室的功能，利用教学资源，改革传统课堂教学的教学模式，实现了教学的非同步性、自主性、交互性和趣味性，提高了课堂教学的效果。同时，也为学生提供了丰富的语言学习材料，激发了学生的求知欲望，增强了学生的学习兴趣，不但缓解了缺乏外语氛围和输入不足这些长期困扰高校学生学习外语的问题，而且打破了课堂的局限，使教学活动延伸到了学生的课外生活。

第二节　信息化时代线上线下混合式高校英语教学实践

提高学生的英语运用能力是高校英语教学的根本目标。但是从当前的实际情况来看，在现行的高校英语教学中还存在一定的问题，影响了学生的学习兴趣和课堂教学效果。针对这一问题，教师应该结合当前互联网时代的教育发展趋势，积极应用信息技术来促进高校英语教学的创新与改革，采取线上线下混合教学模式构建高效、有趣的现代化英语课堂，以此不断强化大学生的英语能力，要全面培养集技术、管理、服务于一身的高素质复合型人才。对此，高校英语教学也要全面迎合新时期要求，积极应用信息技术，结合实际需要适当地开展线上线下混合模式教学，丰富课堂教学内容，帮助学生奠定良好的语言基础，不断提高学生的英语实践能力，保证其能在今后的学习和工作中灵活运用，充分发挥其积极作用，同时实现全面发展。

一、线上线下混合式教学模式概述

线上线下混合式教学模式指的是通过信息技术的引入来促进网络教学和传统课堂教学的融合，该融合过程结合了两种教学方式的优势，通过彼此之间的互补来构建高效的现代化课堂。

线上线下混合式教学模式存在两个特点：一是强调培养学生个性化能力，该教学模式坚持"以学生为中心"，通过多样化的教学途径向学生推送个性化知识，充分满足不同学生的不同需求；二是注重培养学生的知识重构能力，立足于建构主义理论基础，将课堂教学分为线上教学和线下教学两个方面，主要包括知识讲解和知识内化、知识应用等环节，通过线上线下教学的结合促进了良好的课堂互动，强化了学生对于知识的理解与掌握。

二、高校英语教学中应用线上线下混合式教学的必要性

随着信息技术的不断发展，现代化教育模式得到了广泛应用，信息技术在课堂教学中的应用显得尤为重要。"实施线上线下混合模式教学，可以有效丰富教学内容，有助于对重难点知识的突破，促进学生自主学习，有助于提高学生的独立学习能力。"[①]

教师利用线上线下混合式教学可以引入英文电影、英文演讲视频以及英文歌曲等元素，有助于提高学生积极主动学习的兴趣，调动学生的主观能动性；在此过程中教师还可以进行引导性的教学，让学生通过情景扮演再现电影中的经典情节，训练学生的口语能力和表达能力，新颖的教学资源可以带动学习氛围，活跃课堂气氛。

线上线下混合式教学以信息技术与传统课堂的结合为基础，将各种各样的教学知识内容以不同的形式展现出来，运用多媒体设备营造良好课堂氛围。在传统的教学模式中，教

---

① 邵静. 信息化背景下的线上线下混合式英语教学模式研究 [J]. 大学，2021 (17)：70-73.

师采用板书的形式进行授课，不仅授课知识内容有限，还减弱了学习兴趣。而线上线下混合式教学可以将丰富多样的课外知识融入课件中以图片或者视频的方式传授于学生，拓宽学生的知识面，丰富课堂内容。

三、信息化背景下的线上线下混合式英语教学模式

（一）利用微课组织课前预习

课前预习环节在英语教学中发挥着重要作用，教师必须要意识到这一环节的价值，然后结合教学内容和学生的实际情况做好课前预习阶段的设计，为后续的教学奠定良好基础。很多教师忽视了课前预习的开展，仅仅口头上告知学生自主预习，对学生的预习效果并不关心。这种错误的做法严重影响了课前预习的积极功能，失去了应有的意义和价值。

对于这一问题，新时期的高校英语教师必须要转变教学观念，将信息技术灵活应用于课前预习过程中，结合教学内容制订相应的预习方案，以多媒体视频的方式发送给学生，向其阐明预习任务和预习目标。要求学生在线观看并自主完成预习任务，然后将预习结果在线反馈给教师，教师通过学生的预习情况来调整教学内容，并针对学生遇到的问题和困难进行针对性的讲解。这样的课前预习有效促进了线上线下教学的深度融合，在很大程度上颠覆了传统的预习模式，不仅提前为学生展现了教学目标，也让学生通过在线预习的方式有效解决了一些基础性问题；不仅为后续学习奠定了基础，同时也强化了学生的自主学习能力。

（二）在课上实施情境教学

英语的学习需要从听、说、读、写等多个方面进行，同时还需要进行相关的人文素养培养。在高校英语教学过程中教学环境至关重要。因此，教师可以利用多媒体在课堂中创设相应情境，让学生更加便捷地学习和掌握英语知识。教师通过多媒体技术的引入，在合理的时间范围内设计出新颖的视频短片或者相关图片，让学生在学习课文的过程中还可以了解相关的其他知识，有利于学生加深对课堂知识的理解，调动学生的积极性。

（三）创建翻转课堂模型

相较于传统教学模式而言，现代化教学具有很多优势，对此教师要意识到其中的特点，充分发挥信息技术的积极作用来推动英语课堂的发展，通过线上线下混合式教学模式

来提高课堂教学质量，对此翻转课堂的构建发挥着重要意义。从本质上而言，现代化教育技术具有很多强大的功能，包括图像、声音、视频、幻灯片等，对此教师在教学中完全可以将这些资源引入到课件的设计当中，并结合学生的实际情况从这两方面进行课堂教学设计。教师可通过建立翻转课堂的方式，利用多媒体来帮助学生获取知识，随后再组织学生通过线下讨论和交流的方式，实现对知识的吸收和内化。教师通过这种线上线下混合式教学的实施来丰富教学内容，创新教学模式。具体设计如下：首先，教师根据实际教学内容和学生的具体需要，提前制作相应的教学课件，并在其中预留相应的问题和任务；其次，组织学生自主观看视频，了解课件内容和知识要点，并完成学习任务；最后，教师布置相应的问题，组织学生以自主探究或者小组讨论的方式进行思考和分析，在全班进行学习效果的交流与展示，过程中教师予以适当的总结和评价。

在学习新知识时，教师也可以提前制作微视频，并在其中引入相应的对话内容。教师可组织学生认真观看，总结对话中出现的词汇、语法等知识点，然后通过本课所学对视频中的对话内容进行复述和讲解，以此来了解课本中的知识内容。教师通过这两个环节的教学设计，实现线上线下混合式教学的落实与应用，不仅丰富了课堂教学内容，也在一定程度上提升了学生的语言素养。

（四）优化课后复习巩固

在课后复习巩固过程中，教师也要通过线上线下混合式教学模式来进行，通过制作相应的教学课件来补充和巩固课上教学，可以是阅读材料，也可以是音频视频，让学生在课后自行下载进行复习。教师在拓宽学生视野的基础上，应增强学生对于课堂所学知识的理解和掌握，然后也可以通过网络平台在线对学生的复习成果进行评价。通过这样的教学方式，不仅拓宽了教学空间，同时也让学生在课后巩固中实现了对知识的深度掌握，有助于强化学生的自主学习能力。

总而言之，从当前的时代发展来看，英语已经成为高素质人才的必备技能，因此高校院校的英语教学十分重要。在互联网发展迅速的时代，利用信息技术辅助英语教学是未来发展的重要方向，具有重要性和必然性，线上线下混合式教学让教学方法更趋于多层次和全方位，为学生创造了一个开放的、探索式的学习环境，有效弥补了传统教学模式的弊端，不仅丰富了教学内容，同时也提高了课堂教学质量。对此教师一定要重视起来，结合学生的实际情况优化教学设计，全面发挥现代化教育的积极作用，这样才能更好地提升学生的英语能力。

第三节　信息化时代高校英语教学中翻转课堂的实践研究

在信息化时代的背景下，翻转课堂等新型教育模式引起教育界的广泛关注，其在英语课堂教学中，仍然发挥着不可忽视的作用。互联网与信息技术的飞速发展开启了信息化的新时代，这也使学习知识的过程发生了翻天覆地的变化，对全球的教育界产生了极大的影响。慕课、翻转课堂、直播课等新型的教学模式如雨后春笋般大量涌现出来，并在全球范围内得到了迅速推广。我国高校英语教学模式也紧跟时代的潮流，将信息化体系与高校英语课程教学相融合。一般而言，翻转课堂主要分为课上师生讨论与课前学生自主学习两个环节，其主要是应用教学信息技术将知识的内化吸收和传授进行颠倒，与此同时，学生和教师角色互换，学生变成了课堂的主体。

翻转课堂主要有以下方面的特点：第一，简短高效的教学视频。一般而言教学视频的时长控制在几分钟到 20 分钟之内，每个视频的内容都只针对一个问题进行讲解，具有较强的针对性。第二，清晰明确的教学信息。与传统的教学模式相比，新的教学模式不再采用教师主动讲授、学生被动听讲的方法，而是让师生在同一个平台下一起学习。第三，构建新的学习流程。通常情况下，学习的阶段主要包含信息的吸收和传递，信息的吸收主要是学生在课余时间通过自己的努力来完成对信息的理解，而信息的传递主要发生在学生与教师之间教学互动这一过程。然而，在翻转课堂中，学生会在课前独自完成信息传递的过程，而信息吸收的过程则是在课堂中实现的，这为教师的指导工作提供了方便。

在翻转课堂的教学实践中，教师应具备的基础能力包含以下方面：

第一，实践的具体操作是受教育观念所约束的，对于我国的教育体制，传统意义上，教师总是更注重分数，从而造成了传统的教学观念和教学模式。但采用了翻转课堂的教学模式就会改变固有的教学环境。

第二，培养高水平的信息化教育素养。在信息化时代的大背景下，各行各业都在朝着信息化转变，其主要体现在电子产品和各种软件的应用。然而，翻转课堂会应用到大量的电子产品以及各种软件，特别是在设计教学课件上，因此，教师在这场信息化变革中，面临着巨大的挑战，在使用翻转课堂教学之前，需要其提高自身的信息化水平。

第三，找出翻转课堂的关键节点。应用者把推广翻转课堂的精力都应用在视频课件的制作上，然而，实际上这是一个常规性的错误，教师要做到真正的因材施教，就应该把注意力重点放在课堂的对话和讨论中，视频固然是翻转课堂的焦点，但教师更应该注重课堂互动环节。

一、翻转课堂在高校信息化英语教学中的作用

第一，翻转课堂符合学生的个性发展。在高校的英语教学课堂中，学生的人数普遍较多，会出现几个班级一同上课的情况，传统的教学模式的缺点由此暴露出来，即不能满足每一个学生的需求。在传统的教学模式中，教师处在主导的地位，学生学到的知识，只是教师在课堂上所教授的，然而，学习能力较差的学生，很难跟上教师的教学进度。教师使用翻转课堂模式进行教学，就可以让学生按照自己的需求，进行独立自主学习。学生对于不理解的问题，可以主动查找答案，进而加深其对知识的理解。与此同时，学生还可以在课前做好预习工作，从而在课堂上能够清晰地表达自己的主要观点。

第二，翻转课堂可以培养学生的自学能力。在传统的教学模式中，教师主要是为了完成教学任务，进而模式化地传授给学生，但学生的理解程度只能通过教师布置的课后作业来检验。翻转课堂的教学模式则是把传统的教学模式推翻，学生可以用自己的课下时间，通过视频或者多媒体资源，随时随地都能展开学习，同时，教师也可以有针对性地对学生所提出的问题进行解答，从而达到每个学生都能熟练掌握英语知识的目的。

第三，翻转课堂可以提升学生的综合能力。在传统的教育模式中，教师可以尽量细致地讲解知识，但还是不能面面俱到，从而导致学生对某些英语知识没有深入的理解。教师如果把简单的单词或者语法留给学生独立完成，这会加深其对这部分知识的理解程度。学生在提前预习的情况下进行听课会产生显著的效果。

二、信息化时代高校英语翻转课堂的教学角度

（一）从教师的角度分析

第一，高校英语教师的教学能力以及学历都是比较高的，这就为其很好地接受新的教学工具和模式奠定了坚实的基础。就目前的趋势看，高校英语教师趋于年轻化，新鲜血液的注入更有益于团队发展，有益于翻转课堂教学模式的实施与推广。第二，教师普遍地凭借自身的创造力与创新意识，再加上原有的教学经验，在翻转课堂的创新教学这条路上，可以走得越来越远。第三，如今高校的英语教师的信息技术操作水平普遍较高，教师能够熟练地操作各种各样的计算机软件，同时，可以进行各种教学资源以及多媒体资源的处

理，这是一个良好的基础。

（二）从学生的角度分析

第一，在大学阶段，学生在思想方面逐渐趋于成熟，就当前国内的大学生来看，在没有外界因素影响的环境下能够进行自主学习，同时，能够独立制定一套学习计划，从而把握好学习的节奏。第二，学生自身的英语综合能力较好，能够顺利地与他人进行沟通，并能在这个过程中，准确地阐述自己的观点，这为翻转课堂的应用提供了一个有利的基础条件。第三，翻转课堂对当代大学生而言，可以令其更好地支配时间，从而达到更加高效的学习效果。

（三）从教学环境的角度分析

第一，在现阶段的高校英语课程中，教师大多数采用多媒体的教学方式，主要使用计算机来制作各种各样的多媒体课件，然后在课堂上采用观看课件的形式进行教学，实现了教学方式的创新。除此之外，学生还能在课后使用各种各样的多媒体平台进行复习或者预习。第二，在此种教育模式的背景下，各大高校的多媒体设施比较完善，从而为翻转课堂提供了完善的基础设施。第三，在进行了大型的教学改革以后，各大高校的信息化水平有了大幅度的提升，高校教师普遍能够熟练地使用网络平台或者其他的电子平台来与学生进行交流。

三、信息化时代高校英语翻转课堂的教学实践

高校英语翻转课堂的实践教学，主要有两大板块：一个板块是微课录制；另一个板块是课堂教学环节。

（一）翻转课堂活动

1. 课前活动

新知识授课之前，教师可以根据授课内容，提供一些让学生预习的基础资料，例如，语言知识点的解析，教师可以设计相应的思考问题，在学习通 App 上发布，供学生预习。预习的过程中，学生首先需要自主学习基础语言点；其次，根据讨论话题的不同特点，学生需要独立思考，理解文章内涵，搜索并整理资料，组织语言等自主学习，这个过程充分调动了每个学生的主动性，锻炼了学生的自主学习能力、资料检索能力和独立思考以及分

析问题、解决问题的能力。

2. 课堂活动

课堂上，学生以小组为单位，围成圆圈。每个小组成员首先把自己对讨论的话题的结果分享给小组每位成员。其次，小组成员结合每位同学的精髓思想，组织整理出最佳答案。在见解不一致时，学生相互讨论，给出各自观点，必要时老师予以帮助。最后，每个小组安排一位成员上台进行学习成果展示，小组和小组之间可以进行生生互评，互相借鉴。为了增强学生展示的积极性、主动性及精彩性，在实际操作中，教师可以采取各种评比方式，及时进行点评、表扬或鼓励。通过学生课堂汇报学习成果等形式的课堂展示，教师能了解学生哪些问题已经得到解决，哪些问题学生困惑无解。

（二）翻转教学内容

在学生带着问题进行思考、小组讨论、生生互评之后，学生通常会解决一些基础的问题，留下一些综合性较强，或者较为复杂的问题。这时，教师根据教学内容，结合学生的课堂讨论输出，进行微课录制。微课要求知识点准确，少而精，进行多视角的讲解。每一个知识点的微课在结构上要直奔主题，抓住知识重点，切入学生薄弱点；在内容上要有理有据；形式上要声画同步，容易传递。教师可以设置学分析和设计，以此创建学习内容录制微课。教师也可以借助国家精品课程网和相关英语资源网络等优质开放教育资源制作微课。因为微课内容是针对学生在主动思考和探讨后遗留下的疑难点和课程的重点，从而能激发学生极强的求知欲望，积极主动地投入到微课的学习中去。翻转课堂是混合型的学习模式，这种自主学习是让学生带着问题在课堂上与教师和同学进行探讨的过程，促使学生学会思考、学会学习，将学习的知识转化成解决问题的能力。

传统的高校英语教学模式目前已不能够适应大学生的需求，阻碍了大学生的实际应用英语的能力以及独立思考的能力。翻转课堂的教学模式是比较适用于高校英语教学活动的模式。通过分析师生互动与高校环境可以看出，教师方面具有展开翻转课堂教学模式的接受能力以及创新能力，学生方面具有独立自主学习的意识以及学习能力。同时，高校的信息化水平为翻转课堂的教学模式奠定了良好的基础。翻转课堂模式更加注重学生独立自主地完成知识的吸收，并且通过使用互联网工具降低了吸收知识的难度，从而提高了学生的学习兴趣。

参考文献

[1] 邵静. 信息化背景下的线上线下混合式英语教学模式研究 [J]. 大学，2021（17）：70-73.

[2] 史斐越. 信息化时代大学英语课程教学改革与发展研究 [J]. 长江丛刊，2020（17）：66.

[3] 江凌. 信息化时代大学英语教学中翻转课堂的实践性研究 [J]. 英语广场，2020（9）：92-94.

[4] 冒凌艳. 信息化时代下的大学英语课堂创新探索 [J]. 海外英语，2020（3）：81-82.

[5] 曹佳. 信息化背景下高校英语阅读课教学模式探析 [J]. 当代旅游，2019（4）：205.

[6] 朱广伟. 信息化环境下高校英语教学模式创新研究 [J]. 昌吉学院学报，2018（4）：113-116.

[7] 孙瑞. 信息化环境下英语听力教学策略的实证性研究 [J]. 中国培训，2016（6）：140.

[8] 王娅莉. 信息化时代微课应用于大学英语写作教学的思考 [J]. 佳木斯职业学院学报，2016（4）：312-313.

[9] 朱晓博，李涛，陶艳春. 信息化环境下高校英语口译教学模式与资源建设 [J]. 辽宁工业大学学报（社会科学版），2016，18（2）：103-105.

[10] 古力斯旦木·哈德尔艾山. 大学英语课程设计的价值取向探析 [J]. 教师，2015（23）：37.

[11] 王聪，刘天方. 高校英语教学信息化技术创新与实践策略 [J]. 中国教育技术装备，2014（20）：138-140.

[12] 钟霞. 大学英语课程设计的价值取向探析 [D]. 广州：广州大学，2009：19-51.

[13] 郑秀英，崔艳娇，孙亮等. "以学生为中心"的高校教学督导工作探索 [J]. 教学研究，2019，42（5）：44.

[14] 朱晓萍. 信息化时代高校英语课堂教学创新改革——评《信息化时代高校英语教学研究》[J]. 中国高校科技，2019，（12）：106.

[15] 闫俊玲，于明波. 高校英语专业课程设置改革探讨——基于应用型人才培养视角 [J]. 赤峰学院学报（自然科学版），201632（24）：255.

[16] 施良方. 课程理论——课程的基础、原理与问题 [M]. 北京：教育科学出版社，2005.

[17] 全国十二所重点师范大学联合编写. 教育学基础 [M]. 北京：教育科学出版社，2002.

[18] 李红霞. 大学英语教学研究 [M]. 天津：天津科学技术出版社，2017.

[19] 宫玉娟. 大学英语教学模式改革创新研究 [M]. 长春：吉林出版社集团股份有限公司，2018.

[20] 吕文丽，庞志芬，赵欣敏. 信息化时代下的大学英语教学改革探索 [M]. 长春：吉林大学出版社，2018.

[21] 唐君. 高校英语信息化教学研究 [M]. 北京：中国国际广播出版社，2018.

[22] 陈美华. 大学英语"研究型"课程理论与实践大学英语教学模式与课程建设研究 [M]. 南京：东南大学出版社，2013.

[23] 崔玉琢. 高校英语教学的模式、方法与手段——评《新形势下高校英语教学与发展探讨》[J]. 中国高校科技，2019（12）：104.

[24] 邓丽平. 浅谈大学英语精读课程教学方法 [J]. 青春岁月，2015（21）：117.

[25] 韩俊芳，吴英华，贾世娇. 任务型学习法与高校英语教学 [M]. 广州：广东旅游出版社，2018.

[26] 朱金燕. 高校英语教学改革探索 [M]. 武汉：中国地质大学出版社，2018.

[27] 黄儒. 大学英语教学模式研究 [M]. 哈尔滨：黑龙江教育出版社，2018.

[28] 丁黎明. 论英语专业教学形成性评估体系构建的必要性 [J]. 高教发展与评估，2008，24（6）：101-104.

[29] 林新事. 英语课程与教学研究 [M]. 杭州：浙江大学出版社，2008.

[30] 罗毅，蔡慧萍. 英语课堂教学策略理论与实践运用 [M]. 杭州：浙江大学出版社，2011.

[31] 崔立平，郝夕淳. 信息化时代大学英语教学新走向——评《信息化时代高校英语教学研究》[J]. 中国科技论文，2020，15（12）：1471.

[32] 钱满秋. 现阶段大学英语教学改革研究 [M]. 北京：北京理工大学出版社，2017.

[33] 束定芳. 高校英语教学现状与改革方向：华东六省一市高校英语教学情况调研报告

［M］. 上海：上海外语教育出版社，2015.

［34］ 孙磊. 信息化时代高校英语课堂教学有效性研究——评《信息化时代高校英语教学研究》［J］. 高教探索，2020（1）：134.

［35］ 王丽清. 信息化背景下高校英语课堂教学方式改革研究［J］. 科教导刊-电子版（下旬），2020（5）：239.

［36］ 张鑫. 英语教学的理论与实践［M］. 北京：知识产权出版社，2012.

［37］ 张玉. 翻转课堂与高校英语信息化教学结合策略研究［J］. 红河学院学报，2020，18（2）：93-96.

［38］ 赵健瑞. 信息化时代高校英语学科教育教学改革——评《信息化背景下高校英语教学改革研究》［J］. 新闻爱好者，2019（10）：97-98.